OHSAMA BUNKO

話していると
楽しい人　しんどい人

野口 敏

三笠書房

はじめに

話が弾む人、一緒にいて「居心地がいい人」の秘密

あなたの周りには、なぜか話しかけたくなる人、一緒にいると気持ちのいい人がいませんか?

その一方で、一緒にいると疲れてしまう人、話しているうちにしんどくなってしまう人も、きっと心に思い当たるでしょう。もしかしたら「自分も他人を疲れさせているかも……?」と心配になった人も、いるかもしれませんね。

この本は、話し方の「ちょっとした違い」についてご紹介する本です。

でも、その「ちょっとした違い」こそが、人付き合いから、仕事の成果、パートナーシップや親子関係のあり方にまで、大きな違いをもたらしていることをお伝えし

たいのです。

何気なく口走ってしまった「不用意な一言」で、相手をカチンとさせてしまった経験はないでしょうか。また、よかれと思ってしたアドバイスを、煙たがられてしまったことのある人もいるかもしれません。

表現方法を間違うと、受け入れてもらえないのが世の中というものです。

無意識に出てしまう上から目線の物言いなど、「自分の至らない点」に気づくのは、なかなか難しいことではあります。

でも、そこに気づかないと、「なぜ、自分だけがこんな目に」と、グチをこぼす日々が続くことになるかもしれません。


コミュニケーションとは、自分の考えを人に伝えるものと思っている人も多いと思いますが、周りの人を疲れさせないのも、コミュニケーションの重要な要素です。

実は、**人間関係や収入を左右するのは、「話がうまいこと」より**も**「他人とうまくやっていく能力」**のほうにあったりもするのです。

口下手が理由で、人から嫌われることはありません。しかし、他人を疲れさせる人は、人間関係で決定的に損をします。

反対に、**一緒にいて他人に幸福な気持ちを与える人**（本書では**「楽しい人」**と呼びます）は、自然と周りからサポートを受けて、人生のあらゆることがうまくいくことが多いようです。

中には、自分が頼んでもいないのに友人たちが手を回し、自分が活躍できる企業に見事、転職できた女性もいます。彼女の年収は、一〇〇万円近く上がったのだとか。この人は「ついている人」なのではなく、**「周りにエネルギーを与える人」**だったのです。

朝は笑顔で周りの人に近づき、温かな「おはよう」を伝えます。職場の人のちょっとした変化にも気づき、

「〇〇さん、そのボールペン、新しくなりましたね。お嬢さんの見立てではありませんか」

と話しかけます。実は、こうした小さな会話、小さな気づきが、周りにいる人に新

鮮な力を与え続けているのです。

そして、そういう人には、すぐに協力者や引き立ててくれる人が現われます。周りの人が、「あの人には、幸せになってもらおう！」と、寄ってたかってお世話をしてくれるのです。

人を楽しくさせるコミュニケーションと、人にしんどい思いをさせるコミュニケーション。この二つの違いを知っておくことは、長い人生を送る上で、重要な意味があります。

中には「まさか！　そんなことがいけないなんて」と驚くようなケースも、収められていると思います。

ぜひ、本書を活用して、あなたの周りにいる大切な人々と、平和で穏やかな毎日をお過ごしください。

野口　敏

もくじ

1章 楽しい人は、「話しやすい」を作る達人
——相手から「笑顔、反応、質問」が次々と湧き出る！

2章

「感じのよさ」が伝わる話し方
——とっさの表情、言葉、リアクション

3章

相手が嬉しくなる「聞き方」のコツ
――受け止めるも、広げるも、全部思い通り

4章

「知性」と「信頼感」を感じさせる話し方
——デキる人は「間合いの取り方」がうまい

5章

男と女は「違う言葉」を話している？

――ほんの「ちょっとのこと」でストレス軽減！

6章

「わかりやすい説明」すぐできるコツ
——「まとまらない……」「伝わらない……」も一変！

7章

同じことも、「言い方」を変えるだけで……

——受け止められ方は大違い！

1章

楽しい人は、「話しやすい」を作る達人

——相手から「笑顔、反応、質問」が次々と湧き出る！

1 「目立たないのに好かれる人」の話し方の秘訣

話し上手というイメージは世間で大きく誤解されている、と私は常々考えています。

行きつけの居酒屋でのお話。

私たちの横に座った方々。そのリーダー格の男性は大変な博識《はくしき》で、仕事の話、政治の話、スポーツの話、家庭の話、時計や車などの趣味の話……と止めどなく話し続けていました。

話していることは理に適《かな》っているし、声も渋くていかにも話し上手といった風情《ふぜい》。選挙に出てもいいくらいです。

ただ一つ問題があるとすれば、ほかの人たちは一言も口をはさまず（はさめず？）無表情であったという点です。この席についてきたことを後悔している様子。ずいぶんお疲れのようでした。

このように人を疲れさせる人を、私はこっそり**「話し自慢」**と呼んでいるのです。

その後、このリーダーが一人寂しく飲んでいる背中を、この居酒屋でちょくちょく見かけるのですが、それは話し自慢が禍《わざわい》したのでしょうか。

どうやら話し自慢は、口下手な人の何十倍も世間の人々を疲れさせているようです。

みんなが「ああ、楽しかった！」と感じるのはこんな時

本物の話し上手とは、周りにいる人を楽しく愉快な気持ちにさせてくれる人を言います。

一人で話を独占せず、その場にいる人すべてに、話をするチャンスを分けてあげられる人。これこそが愛される人と言えるでしょう。

話し自慢が自己顕示欲を満たすために話すのに対して、話し上手が見たいのはみんなの笑顔。自分の話をする時でも、みんなにわかるように話します。

また難しい話題、マニアックな話題でも、みんなが興味を持てるように工夫してく

れます。

話し上手の気づきにくい長所として挙げたいのが、無口な人をもヒーローに変身させてしまうコミュニケーション能力です。そんな人がいると、どんな集まりでもみんなが自分の話ができて、大満足で帰途《きと》につけます。

多くの人は、「思う存分話せた」「自分の話で場が盛り上がった」と感じるため、話を聞いてもらえたエクスタシーに酔いしれることができます。でも、話し上手の卓越《たくえつ》した、そして目立ちにくい功績にはなかなか気づけません。

真の話し上手は、それもまた喜びに感じています。「みんなが楽しければ私も嬉《うれ》しい」と心の底から思っています。

まずは、真の話し上手が人知れず行なっている極意のいくつかを、話し自慢と比較しながら説明していきましょう。

全員に「楽しく話せた」と思ってもらう

2 「エンドレスで話せること」は強みにならない

話し自慢の最大の欠点は、話が長いこと。

ある時、いかにも話し自慢という雰囲気の男性から「私は一晩中でも話し続けることができる」と言われたことがあります。一晩中興味のない話を聞かされる相手の気持ちを、彼は想像できないのでしょう。

彼らは話の終わり際《ぎわ》の言葉を使って、次の話へと展開させるのが得意です。

「今の政治は口では期待をさせておいて、最後は国民がうまく言いくるめられる。期待を持つと失望するからね。まるで阪神タイガースみたいにファンの期待を裏切る」

「タイガースと言えば、アメリカで使い物にならなくなった日本人選手を高い年俸で連れてきては失敗している。安物買いならいいけど、高いものを買っての銭失《ぜにうしな》いだ」

「私もこの間、高い買い物をした。この時計が八十万円に見える？」

なるほどエンドレスで、これならいくらでも話は続くでしょう。相手は疲れきってしまうけれど……。

しかし、話し自慢は大変な間違いを犯しています。たくさん話をしてしまうので、本当に言いたいことが何なのか、本人も見失ってしまうのです。

相手には疲れたという印象しか残りません。これでは人望は得られず、仕事も人間関係もうまくいかず、人生後半も寂しい感じになるかもしれません。悲しい話だなあ。

話し上手は話題がブレない

本物の話し上手は、話す前から相手に伝えたいこと、テーマにしたいことを明確に意識して話をしています。

たとえば**「父の日って、母の日に比べるとデパートの売り場も小さいし、イベントに力が入っていない気がしない？」**と話し始めたら、その後も話にブレがありません。

気の利《き》かない人が「ひな祭りと端午《たんご》の節句も違う気がする」と流れを変える話をし

ても、「本当に」と相手を立てつつ、**「父親は家では影が薄いんだよね」**などと上手に話をもとに戻します。

また、自分自身の中で「野球も、巨人が優勝した時と地方球団が優勝した時とでは盛り上がりが違うな」という考えがよぎったとしても、テーマとズレていることを自覚して、言葉には出しません。

そして、彼が本当に言いたかった、

「父親というものは一生懸命働いても、家の中では家族から大事にしてもらえないものなんだね。寂しいね」

「大事にしてもらえるのは死ぬ前ぐらいだね」

というところに話を落とすのです。

話し上手は自分の意図した話が終わると、「どう思う?」などと、相手に話し手の立場を譲ることを忘れません。「話し手の立場」を独占しないのが、愛される所以《ゆえん》です。

✔テーマを絞って一つずつ話していく

3 相手の反応が薄い時は「話しすぎ」と心得る

話をする時は、相手をよく見て話せ――。

多くの人が実行しているセオリーです。話し自慢も、相手をじっと見て話をしています。

ただ不思議なことに、相手を見ているはずなのに、その人が笑っていない、目が死んでいる、うなずきが小さい、質問が少ないといった不調に、話し自慢は気づかないのです。

それはその場を独占し、中心人物となっていることにエクスタシーを感じているからかもしれません。

自己顕示欲が満たされ、「次はあれを話そう」「ここからこう展開させよう」「そうだ！　あの話があった」と次々に話題を変えていきたくなるのです。

もう相手の背中は椅子の背もたれにべったりとくっつき、反応は鈍く、顔色は冴《さ》えません。

彼がいくら雄弁《ゆうべん》に語っても、相手の心にはシャッターが下りているので、話し手の言葉はまったく届かないのです。

聞き手からうなずきが消え、質問がなくなった時、相手に「話し手の立場」を渡す勇気が持てたら、話し自慢とは呼ばれなくなりますよ。

「続けていいですか？」と問いかけよう

話し上手は、相手の表情やしぐさをよく観察しています。

相手がさり気なく時計に目をやったりすれば、「今日は用事でもあるのかな」などと気を回すもの。

ましてや話を聞いてくれる相手の反応には、十分な注意を怠《おこた》りません。

この話題で相手は楽しんでくれているだろうか、内容がよく伝わっているだろうか、

相手にも話したいことがあるのではないだろうか、と考えつつ話をしています。時には、

「こんな話だけど続けてもいい？」

などと配慮の問いかけもします。

もしも相手が楽しんでいないように感じたら、話の途中でもその話を切り上げて、

「あなたは最近どうなの？」

と相手に「話し手の立場」を譲る潔《いさぎよ》さを持つのが、話し上手の共通項です。

会話は、自分が話す以外に選択肢がないと考えるのが話し自慢。それに対して、話し上手は相手が話し、それを楽しむという選択肢も持っています。

会話はそこにいる全員で楽しむもの。これが話し上手の会話に対する姿勢です。

真の話し上手が誰からも愛される理由が伝わったでしょうか。

いつでも「聞き役」に回れる準備を

4
聞き手の頭に「映像が浮かぶ」ように話す

「口下手」について語られた本はたくさんあるのに、「話し自慢」の害について書かれた本はそう多くはないはずです。

しかし、一緒にいて疲れを感じるのは口下手な人ではなく、圧倒的に話し自慢のほうですね。

話し自慢の人と一緒にいると、なぜ疲れてしまうのか。実はここに、一緒にいると楽しい人の話し方のヒントが隠れています。

それは、私たちが人の話を聞く時、頭の中で**「映像化」**を行なっていることと関係があります。

たとえば、相手に「昨日、ディズニーランドに行ってきたんだけどね」と言われたら、私たちは、その人がディズニーランドにいるシーンを想像し、「彼氏の服装がダサかったの」と言われたら、想像の中に彼氏を登場させ、ダサい服をまとわせます。私たちはこうして相手の話を理解し、また記憶するのです。

しかし、話し自慢は、相手の興味とは無関係な話をしがちですし、映像化にも協力的でない話し方をします。すると聞き手は、大きな努力と忍耐を強《し》いられることになるのです。

「相手本位」で話を進めよう

話し上手は相手の表情やしぐさに敏感です。

相手が興味を持ち、楽しんでくれる話をします。もちろん、聞き手が映像化を行ないながら話を聞いていることは百も承知です。

相手の映像化を助けるような話し方をしてくれるので、聞き手はたいした努力をせずともポンポンと映像が浮かび、話に引き込まれます。

つまり話し上手は、相手の気持ちを感じ取りながら、相手の興味を引く話題で、相手のペースに合わせて話すことができるのです。

すべてが相手本位というわけです。

たとえば、**相手が女性なら天気の話から服装の話へ、いかにも運動をしていそうな人なら、外気に敏感でしょうから暑さ寒さの話へと話題を向ける**のです。

会話とは、そこにいるすべての人で作り上げるものです。一人の目立ちたがり屋が独占するものではありません。

そして話し上手は、自分の話ばかりせずに、話を聞くという力も抜きん出ています。そこにいるすべての人が主人公になれて、スポットライトが当たるよう気配りが行き届いています。

これからしばらくは、「映像化」というキーワードで、話し上手の秘訣をお話ししてみましょう。

「映像化しやすい話題」から始める

5

「間」の取り方がうまいと、相手も話しやすくなる

話し自慢と話し上手。その違いを分ける一つの指標が**「間《ま》」の取り方**です。

それはある夕暮れのこと。タクシーに乗って「池袋まで」と言った私に、運転手はこう切り出しました。

「私、ラグビーを子供に教えているんですけどね」

唐突な展開に私は戸惑《とまど》い、「はい」と言うのが精一杯。しかし、彼は私の相づちも待たずに、もう次の話を始めたのです。

「最近の大人は勝つことばかり教えて、子供にラグビーを教える本当の目的を忘れているね」「……」

「この間、試合を見にいったんだけどね、子供が審判に〝ノックオンなわけねーだろ

う〟って文句つけてるんだよ。私は目がテンになったね」「……」

聞き手の映像化はゆっくりと進みます。しかし間を置かずに話をされると、映像化がすむ前に次の言葉が送り込まれるので、頭の中が混乱してくるのです。

話し手は自分の話ですから、すべてのイメージが頭の中にあります。ところが聞き手は初めて聞く話ですから、そのイメージを作るのに時間がかかるのです。話し自慢は、このことを考慮せずに話してしまうので、一緒にいると疲れるのです。

「相づちを待つ」くらいのスピード感で話してみる

本物の話し上手は、**相づちを打つタイミング**をたっぷりくれます。

「この間、ゴルフに行ったらね」

「はい」

「キャディーさんが、えらくかわいいのよ」

「ほーーー！　そりゃいいですね」

「『キャディーさんなんか辞めて、アイドルグループに入ったら』なんて言ってね」

「ええ、ええ」

「そのあとで、『キャディーさん、写真撮って』って言ったらね」

「はい」

「真顔で、『そういうことは困ります』って言うんだよ」

「へ？」

「オレはカメラのシャッターを押してほしかったんだけど」

「わははははは」

話し上手は、**少し話すと必ず間を空け、聞き手の相づちを待ちます**。聞き手は、相づちを打ちながら話を映像化しているのです。だから話がポンポンと入ってくる。

映像が浮かぶと、その話はまさに目の前でくり広げられるドラマになります。だから臨場感があって面白い。

勇気を持って、聞き手に相づちを打つ間をあげながら、話をしてみましょう。あなたもきっと、話し上手と呼ばれる日がやってくるはずです。

✓ 臨場感があって面白い会話は「間」が作っている

6 言葉数が多いからといって、伝わるわけではない

「たくさん話せば、それだけ伝わる」、よくある思い込みです。

でも受け取る側は、あまりに多くの情報を注ぎ込まれると、オーバーヒートを起こしてしまいます。

たとえば、話し自慢は、自分のふるさとを紹介する時でも、次のように話します。

「私のふるさとは東京から電車で二時間ぐらいの山の中にあって、途中まで特急電車に乗って、そこからローカル線に乗り換えます。私の実家のある駅は無人駅で、降りる人は数えるばかりで、ほとんどが七十歳以上のお年寄りです。昭和の頃までは石炭が掘れて活気があったみたいなのですが、今では完全な限界集落です……」

しかし、これまでお話ししてきた通り、聞き手は言葉の羅列《られつ》、言葉の洪水を受け止めきれるほどのダムを持ってはいません。おそらくほとんどの人は「東京から二時間」と「特急電車からローカル線に乗り換え」という二つのイメージを思い浮かべるので精一杯でしょう。

それ以上の言葉をいっぺんに送り込まれると、記憶のダムは決壊し、話を聞く気力をなくしてしまいます。

聞き手の「想像力」に働きかけるには

話し上手は、意外にも言葉数を必要としません。

彼らは、聞き手の想像力に直接働きかけるからです。

コツは短く話して「間」を取ること。

「うちの実家は本当に田舎でして、電車を降りると目の前が森なんです」

「まるでトトロの世界」

「建物も二階建てが一番高いの」

「だから空が広いんですよ」

「夕焼けがきれいでね」

「時々、白鳥も飛んできて」

「夕空に四羽、五羽と舞うんです」

「するとね、ああ冬が来たんだなって思うんですよ」


こんなふうに聞き手のイメージが広がるまで、間を取って待ちます。

聞き手のイメージができあがった頃に次の言葉、次のイメージを送り込む。聞き手はその世界を十分に想像できるので、その絵が強く印象づけられるというわけです。

聞き手の脳裏《のうり》にはイメージが三次元的に広がり、感動を味わうことができます。


「聞き手のイメージが広がるまで待つ」のがポイント

7 「洪水のように話す」と相手は話についてこられない

「立て板に水のごとく話す人」は話し上手。

そんなイメージがあるかもしれませんが、このタイプには親しみが湧かず、また説得力も感じないものです。

彼らの話は間がないのに加えて、たいてい早口です。

「昨日、ディズニーランドに行ってきたんだけど彼氏の服装がダサくて私はチョーカッコ悪くて彼氏と離れて歩こうとするんだけど彼氏が私の手を握ろうとするもんだから私はパニクっちゃって……」

情報をこのように早口で浴びせられたら、映像化が追いつくはずがありません。聞き手は、早い段階で話を聞くのをあきらめます。

このタイプの人も、自分自身が他人の話を聞く時に、映像化を行なっていることに気づくことが改善の第一歩です。

話を一歩進める。相手が映像化する。その時間を空けて少し待つ。ついてきたら話をまた一歩進める――。

このタイミングを意識できたら、もう早口な話し自慢からは卒業できるでしょう。

「一分間に三六〇文字」のペースで話す

早口を直すためには、三六〇文字程度の原稿を、一分間で読む速度を身につけることです。

一度試してほしいのですが、ほとんどの方が「こんなにゆっくりなのですか！」と驚かれます。

しかし、それが相手から見て、一番映像化を行ないやすいスピードなのです。

さらに重要なのが、**句読点を早めに打つことを意識する**こと。

「私、昨日ディズニーランドに行ってきたんです。」

「そしたら彼氏の服装がダサくて、私はとってもカッコ悪かったんです。」

「彼氏と離れて歩こうとするんですけど、彼氏が私の手を握ろうとするんですよ。」

「私は恥ずかしくて、無意識に彼氏の手を振りきってしまったんです。」


話に「。」を打ったら、そこで一拍の間を空けます。

すると相手は相づちを打ちながら、あなたの話を映像化することができます。

相手の顔をよく見て話せば、あなたの話を理解してくれたこともよくわかります。

そうしたら、話を先に進めればいいのです。

すると話すスピードは、自然とゆっくりになるはず。

あなたもやがて、話し上手のゆったりした口調を身につけることができますよ。

話に「。」を打ちながら「ゆっくり話す」

8
「自分の知識レベルで語る」と伝わらない

私の生徒で婚活中の女性が、うんざりした顔でやってきました。

「この間のお見合いなんですけど、お相手の方は学歴も収入も申し分なかったのですが、お話がかたすぎて一時間で逃げてきました」とおっしゃいます。

話の内容を聞いてびっくり。

その男性は、大手半導体メーカーに勤める技術者だったらしいのですが、会うなり「半導体の仕組みをご存じですか?」と切り出し、そのまま半導体がなぜに〝半〟導体と呼ばれるのかを、一時間語りつくしたそうです。

このような話し自慢は、決して珍しくありません。

私も、あるパーティーでお会いした初老の男性に「後期高齢者医療制度の改革」について、頼んでもいない講義を三十分も受けた思い出があります。

私も「うなずかない」「目を合わせない」「質問しない」「笑わない」といった強硬手段で対応したのですが、いかんせん相当な話し自慢だったようで、私の「やめて」サインは一切届きませんでした。

たった三十分でしたが、それは拷問《ごうもん》のようで、私はぐったりと疲れてしまいました。

一流の人ほど「敷居を下げた話」ができる

私の知り合いに、話し上手な医者がいます。

私が、風邪を引きやすい人と引きにくい人の違いを尋ねたところ、こんな話をしてくれました。

「風邪を引きにくい人は、いいマクロファージを持ってるんですよ。体の中に風邪の菌が侵入してきた時に、最初に戦うのがマクロファージっていう免疫細胞なんですよ。これが強いか弱いかで、風邪に強いか弱いかが決まるんです」

「ほう」と私が聞いていると、彼はこんなふうに話を続けてくれました。

「風邪を引きにくい人は、マクロファージの段階で風邪を食い止めてくれているんですね。まあ、**空手五段ぐらいでプロのガードマン**みたいなマクロファージなわけです」

「風邪をよく引く人のマクロファージは弱っちいので、すぐに細胞内への侵入を許すんです。まあ、**大学生のバイト、それも体育会系とはほど遠い文化系の学生バイト**を警備員に雇っている感じです」

話し上手は、**難しい話でも聞き手がはっきりイメージできるような話し方**をしてくれます。

彼の話を聞いて、専門家ほどこの技術が必要とされることを痛感しました。

「たとえ話」を付け加えるだけで、グッとわかりやすくなる

9 「自分が好きな話題」を相手も好きとは限らない

「野口さん、将棋はしますか?」と聞かれた気がしましたが、その方は、私の返事など聞く気もない様子で一気に語り始めました。

「今はコンピューターがプロを打ち負かす時代になっているのです」

このあたりまでは、私も少し興味を持ったのですが、その後はもうチンプンカンプン。

「強い将棋プログラムを無料で公開した人がいて、そこから大勢のプログラマーが加わって研究が盛んになってから進歩が激しいんですよ。将棋の複雑さって、十の二二〇乗ほどありましてね……」

私が「Aさん、ぼちぼちプレゼンの練習をしませんか」と水を向けると、ようやく話は止まりました。

彼はプレゼンテーションのトレーニングで教室を訪れていたのですが、前途多難であることは容易に想像がつきました。

マニアックな話を一方的に話す人といると疲れることが多いのですが、おそらく彼らは**「自分が好きな話を相手も好きとは限らない」**という感覚が鈍いのでしょう。

では、マニアックな話は、マニア同士で交わすしか手がないのでしょうか。

それが、いい方法があるのです。

マニアックな話には「人間ドラマ」を添えてみる

すし店を経営するBさんも将棋好き。

彼は私にこんな話をしてくれました。

「時々、将棋クラブに行くんだけどさ、小学生ぐらいの子供と対戦させられることがあるのよ。それがイヤでね」

「ほう、子供は苦手ですか？」

「違うんです。小学生、強いの。三段ぐらいの子もいるんです」

「三段！」

「それが三級の私と将棋をするのがイヤっていう態度をもろ出しなんですよ」

「へー」

「私が考えている間、ずっとゲームやってんの」

「なんと！」

「私が五分考えて指すと、そいつは三秒で指すの」

「憎たらしい！」

「でも、そいつのほうが強いのよ」

「悔しいですね」

「首根っこを押さえつけて、礼儀を教えてやりたい衝動に駆られるんですが、負けたのはこっちなんで、頭を下げてどの手が悪かったのか聞くんですけどね」

「大人ですね」

「教える態度も横柄《おうへい》で、偉そうなんです」

一緒にいて楽しい人は、マニアックな話にも人間ドラマを加えてくれるので、感情移入ができて楽しいのなんの。

マニアックな話をする時は、そこに人間を登場させて、**「嬉しい」「腹が立つ」「悔しい」といった感情を表現する**とうまくいきます。

✓ 感情移入できる話は、弾みやすい

10 コミュニケーション上達の近道は「共感力」

教室のお問い合わせで、時々耳にする言葉があります。

「私は人と話すのは苦手じゃないんですけどね」

しかし、このタイプの方と直接会って話をすると、あまり楽しくない。

おそらくは、「よどみなく言葉が出てくる＝話がうまい」と思い込んでいらっしゃるご様子。

でも、仕事も人間関係もうまくいっていないのだとか。話がうまいことと人間関係がうまくいっていることは、イコールでないとおかしいでしょう。

私は「話ができる」「話がうまい」と自分で言う人、そして関西人に多い「私は面白い」と言う人に、そっとお伝えしたいことがあります。

「あなたのお話がうまいかどうか、あなたが面白いかどうかを決めるのは、あなたではない。**あなたと話す相手が決めること**なのですよ」と。

一緒にいて疲れるタイプというのは、相手の感情に無頓着《むとんちゃく》な人、もしくは相手の感情をキャッチするセンサーが弱い人なのでしょう。

相手が困っていることをキャッチできなければ、「自分の会話はうまくいっている」と思い込んでも仕方がない。

共感力を磨く努力をすれば、こういった行き違いも多少は修復できるはずです。

楽しい人ほど「自分は話がうまい」とは思っていない

一緒にいて楽しい人、ラクな人から「私は話がうまい」「コミュニケーションに自信がある」などという言葉を聞いたことがありません。

それは会話、コミュニケーションの難しさ、奥深さに彼らは気づいているからです。

会話は、相手や状況によって、様々な対応が必要です。

年上、年下、同年代。同性と異性。価値観の違う人。住む世界が違う人。自分の経験のない話をする時。相手が喜んでいる時、落ち込んでいる時、怒っている時……。それに、相手の性格までをも考慮するのが会話です。簡単なわけがありません。会話が上手になればなるほど、次々と変化する相手の気持ちが伝わってきます。それらのすべてに対応できる人など、どこにもいません（もちろん私もギブアップ）。

時速八十キロの直球を打つのが野球と思っている人は、「野球は簡単だ」と言うでしょう。

でもスピードに一二〇キロから一五〇キロまでの変化があり、さらにカーブやフォークといった変化球まで交えてボールを投げられたら、誰でも「野球は難しい」と言うでしょう。

「会話は本当に難しい」と感じている人は、相手の気持ちのわかる人。そんな人は、もうコミュニケーションの上級者への道を歩き始めているのです。

✓ 相手の感情をキャッチするセンサーを磨こう

2章

「感じのよさ」が伝わる話し方

——とっさの表情、言葉、リアクション

11

「表情が硬い」だけで周囲のストレスになる

不愛想《ぶあいそう》は周りを疲れさせます。

彼らに「おはようございます」と挨拶《あいさつ》をしても、反応が薄く無表情、少し怖い表情でいることもあります。

彼らはまるで「話しかけないで」「あなたには関心ないです」と言っているかのよう。もちろんそれは、彼らの本心ではないのですが、周りにいる人にはストレスです。

私たち人間は、他人から受け入れられることで安心できます。

無愛想な人は、無意識のうちに拒絶的な態度を取るので、それが周囲にストレスを作り出すのです。

すると、職場や家庭で周りにいる人のエネルギーは失われ、その場全体のやる気や効率が落ちます。その結果、彼らは周りから疎《うと》まれるようになり、人間関係で損をすることが多くなります。

だから無愛想な人はリストラの対象にされやすく、仕事の能力が高くても評価されにくいのです。友人はできにくく、結婚にも高いハードルが立ちはだかるという試練続き……。

でも、無愛想は意識の持ち方しだいで改善できますから、身に覚えのある人は、これからの話をどうかよく読んでください。

「微笑み」は人の気持ちをラクにしてくれる

同じ派遣社員で、同時入社の二人。

一人は仕事の腕は一流、しかし愛想にはだいぶ難《なん》がある。もう一人は仕事の力は劣るが、職場で笑顔を振りまき雑談上手。

一年後、契約を更新されたのは、仕事の腕は劣るが感じのいい私の生徒でした。

感じのいい人が発信しているのは、「あなたを受け入れます」「仲間です」というサ

インです。彼らは職場につくと、まず同僚の顔を見ます。そして微笑《ほほえ》みをたたえて、明るい声で「おはようございます」と言ってくれます。

エレベーターの中で会っても、廊下ですれ違っても、同じことをしてくれます。他人にはこれが温かな安らぎとなり、喜びを感じるのです。

感じのいい人と無愛想な人の内面的な違いは、他人に対する信頼でしょう。自分からコミュニケーションすれば、相手も必ず応えてくれるという安心感があるから、相手の反応を恐れずに挨拶をし、話しかけることができるのです。

人間は、基本的に他人とのコミュニケーションを望んでいますから、感じのいい挨拶をしたり、話しかけたりする人は愛されます。

この章では、他人と上手に気持ちを通わせ、人の気分を楽しくさせる方法についてお話ししましょう。

✔「あなたを受け入れます」のサインを発信していく

12

ちょっとした「気遣い」が周囲を惹きつける

エレベーターに乗り込む時に「お邪魔します」と言っても、返事のない人。

ドアを開けて待っていても、素通りの人。

この人たちも、他人をがっかりさせている残念なタイプです。

彼らは仕事上縁の深い人や、ママ友など重要な関係にある人には、丁寧に接することができる場合が多いのです。

でも、自分と関わりのない人には無関心。

このタイプの人は、時に「冷たい人」「愛想のない人」というレッテルを貼られ、人間関係でトラブルを招いてしまうこともあります。

彼らの思い違いは、人間関係を損得で見ているところ。

利害の絡む人には丁寧に接するけれども、そうではない人に神経を使うのは無駄だと思っているのです。

現代人の多くにこの傾向がありそうですが、実は損な生き方です。

人生の出会いは偶然の中に隠れていて、いつどこで生涯の友や恋人と巡り合うのかわかりません。

出会ったすべての人に気遣いを示し、温かな気持ちを贈る意識を持てば、自分を癒《い》やしてくれる人、助けてくれる人、支えてくれる人に出会う回数が増えていきます。

人間関係を損得だけで見ている人に、手を差し伸べる人はいないのです。

「感じのよさ」で年収を一〇〇万円UPさせた女性

とある女性のお話。

彼女はおとなしく控えめで、少し口下手。ただ、笑顔が素敵で他人に優しい人です。

そこにいるだけで、周りを穏やかな気持ちにする力を持っています。

それまで零細企業にお勤めだった彼女。そこに友人から突然の連絡が入ります。友人の知り合いが勤めている大手インテリア会社が、彼女の専門である資格を持つ人材を募集しているとのこと。

ついでにその企業に勤める人を介して、どんな人材を求めているかも調査してくれたのだとか。話はとんとん拍子に進み、彼女はあっという間に、零細企業から大手インテリア会社の花形社員に出世することになったのです。

「年収が一〇〇〇万円近くも増えちゃったんです」とこっそり教えてくれました。

たとえ口下手でも、感じのいい人には、友人・知人がたくさんできます。

そして**みんなが、「あの人を引き上げたい」「幸せにしたい」と無意識に思います。**

人とつながる力のある人は、自然と幸運に恵まれるという典型的な形です。

感じのよさは人を癒やします。

そしてどんな人も、意識の持ち方ひとつで、周りを幸せにする「感じのいい人」になれます。ぜひ地道に取り組んでみてください。

✓「心が温かい人」は気づけば引き上げられている

13

「人見知り」を卒業したいなら

伊達《だて》マスク。うまいネーミングですね。

当然、風邪や花粉症、感染症対策の人もいるのでしょうが、中には素顔を見られたくないからマスクをしている人もいるのだとか。

お店の店員までもが、マスク姿でものを言うものだから、「ありがとうございます」と言われても、気持ちはまったく伝わってきません。


伊達マスクは表情を隠し、その人のメッセージを消してしまいます。

それは「もう他人とは交わりませんよ」という宣言に等しい行為です。

その気持ちは、マスクを外した時もその人を覆《おお》い、他人を寄せつけない雰囲気を醸《かも》し出します。

すると何が起こるのか？　他人との心の交流は、途絶えやすくなってしまいます。他人からのサポートは少なくなり、孤独が待っています。前項でお話しした幸運な女性とは逆のことが起こるのです。

コミュニケーションを怖がってはいけません。

あなたの表情、声、視線を感じて、人は心を落ち着かせ、楽しい気分でいられるのですから。

「あなたにメッセージがあります」という意思表示

人見知りを卒業し、様々な人とお近づきになり、いい関係を作りたいのならば、**アイコンタクト**を使いこなせるようになることです。

あなたの瞳と相手の瞳をほんの少し合わせるだけで、人間関係は変わります。アイコンタクトとは、「あなたにメッセージがあります」という意思表示です。

気持ちを伝えたくても、その前にアイコンタクトがなければ伝わりません。顔も見ずに「ありがとう」「ごめんなさい」と言われても、相手はあなたの気持ちを感じないはずです。

ただし、その強いメッセージゆえに、あまり長く見続けると、相手は困惑します。

会った瞬間、瞳を合わせて「こんにちは」。

頭を下げて、上げる時にもう一回アイコンタクト。

すぐにぼんやりとした視線に戻します。

あとは**伝えたいことがある前にアイコンタクト。すぐにぼんやりに戻す。**

相手が「そう言えば」などと伝えたいことがありそうなら、またアイコンタクト。

そしてまた、ぼんやりに戻します。

慣れないうちは戸惑うでしょうが、慣れればそれが自然だと気づくはず。

ある生徒は職場のエレベーターが開いた時、ドアの前に立つ人にアイコンタクトを取って挨拶するだけで、会社で初めての友人ができたと嬉しそうに教えてくれました。

☑「心の交流」はアイコンタクトから始まる

14 「気持ちのいい挨拶」が気持ちのいい関係を作る

ほかの部署、違うフロアの人、顔見知り程度の人など、日頃あまり接点のない人にも感じのいい挨拶をしている人はまれです。

「私は挨拶はきちんとするほうです」と言う人も、それはふだん関わりのある人を対象に言っている場合が多いようです。

現代人がなくしつつあるコミュニケーション力の筆頭が、見知らぬ人に働きかけて関係を作る力です。

見知らぬ人が自分の働きかけに反応してくれるとは、多くの人が信じていないはずです。

でも、人は心の奥深くで、誰とでも心を通い合わせたいと願っています。

とは言え、相手はまったく見知らぬ人ではありません。**まず顔を上げて、自宅周辺や会社の中を歩くこと**です。するとコミュニケーションをする気がある人とは、ふと目が合う瞬間が訪れます。

そこで「お疲れ様です」などと言葉をかければ、相手からも返事が返ってきます。深い人間関係とは、そういうきっかけから生まれるもの。

なんと言っても、自分の顔を覚えてもらえれば、大きな効果があります。そこから「素晴らしい友人ができた！」「やりがいのある職務に大抜擢《だいばってき》！」なんていうことも現実にある話です。

挨拶は、すれ違う「五メートル手前」から

「私は挨拶ができる」と胸を張って言えるのは、返事が返ってこない可能性があっても、自分から挨拶する愛と勇気を持っている人だけです。

親族以外の人間関係は、はじめはすべて初対面。自分から働きかけて関係を作れる人は、どこに行っても友人・知人に恵まれます。

でも、自分から挨拶をしても返事がなければ、誰だって傷ついてしまいます。そこで、失敗しない挨拶の仕方をお伝えしましょう。

自宅周辺、職場のエントランスや廊下であまり親しくない人とすれ違う時。人見知りの人は、ついうつむいて歩き、人との接触を避けがちです。

ここでいい方法があります。

相手を確認したら、**五メートルぐらい手前から顔を相手にぼんやりと向けます**。相手の目に焦点を当ててはいけません。怖い人、危ない人と誤解されるかもしれないからです。あくまでも〝ぼんやりと〟がポイントです。

相手がコミュニケーション上手の人なら、あなたのぼんやりした視線を感じて、顔を上げてくれる可能性があります。そして相手の顔が上がって、あなたと**視線が合った瞬間に「こんにちは」と元気な声で挨拶**してみましょう。距離は二、三メートル手前ぐらい。きっと返事が返ってきて、次に会った時にはお話ができる関係が生まれます。

✔ **自分から「こんにちは」「お疲れ様です」を**

15

その返事では「ため息」に聞こえてしまう

暗い顔でため息をつき、話しかけても「うん」とか「はい」としか言わない。口から言葉が出たと思ったら、グチか否定的な言葉。

そんな人が職場や家庭にいれば、周りにいる人のエネルギーは、確実にダウンしてしまいます。

まるでその人の周りだけ停電になったようで、雰囲気が真っ暗。これでは強いエネルギーを持つ人は、彼の人生から去っていくでしょう。もちろん彼の居場所はどんどん小さくなり、やがてはそこにいづらくなります。

コミュニケーションが苦手な人は、知らず知らずのうちに、部屋の電気を消すほどの暗黒のエネルギーを発散させていることがあります。

そういうタイプの人に心がけてほしいのは、「野口さん」などと話しかけられた時に、**相手に顔を向けて、「はい」と明るくいい返事をすること**。それだけで「なんだ、けっこういい人じゃないか」と評価がガラリと変わります。

「会話が続かないから、話しかけられたら心配」などと先のことを思い煩《わずら》わないで、まず目の前にいる人にいいメッセージを送り、優しいコミュニケーションを取ることを心がけてみてください。いろいろな人から話しかけられるようになりますよ。

「コミュ力」を一瞬で上げるコツとは？

コミュニケーションで最大の影響力を持つのは**笑顔**です。

それはわかっていますが、「笑顔になろう」と意識すればするほど、顔は引きつり、他人に違和感を与えてしまうものです。

笑顔は無理強いしても出てきません。素敵な笑顔は、朗《ほが》らかな気持ちからしか生まれないのです。

私は生徒に「**笑顔は明るい声から生まれます**」とアドバイスしています。

高めのトーンで明るい声を出せば、表情は自然と笑顔になるもの。これなら無理に笑顔を作るよりハードルが低いでしょう。

部屋で一人「あー、あー」と実際に発声してみてください。

女性なら「パフェ！」とか「チョコケーキ！」などと、楽しい言葉を高めのトーンで発声すると、さらに効果的です。

男性なら「給料UP」とか「ナイスバディ」などのワードは、必ず笑顔を誘います。抵抗がなければ一度チャレンジを。

スマートフォンをお使いなら「鍵盤《けんばん》アプリ」といった便利なツールもありますから、それで高めのトーンに慣れていけば、明るい声が手に入ります。

高めのトーン&明るい声が「笑顔」を作る

16

「遠慮がちな人」から「親しみあふれる人」へ

挨拶はしている。

でも友人や知り合いは少ないし、恋もままならない。

そんな人は、コミュニケーションが遠慮がちでないか振り返ってみてはいかがでしょうか。

おそらくそういう人は、関係の浅い人には自分から挨拶しないのでしょう。したとしても、すれ違いざまに顔を伏せ、小さな声で「おはようございます」などと言うのが関の山。これでは相手に親しみの気持ちは伝わりません。

私の教室でも、こんなことがあります。

初めての方には教室の案内をするのですが、荷物をしまうその背中越しに「筆記用具はお持ちですか？」と聞くと、振り返らずに背中を向けて「大丈夫です」とお返事。予想はしているものの、寂しいものです。

コミュニケーションが遠慮がちな人は「コミュニケーションする気がない」と受け取られて、以後大切に扱われない可能性が高くなります。

自分を変えたいと願うのならば、態度をはっきりさせること。相手の顔を見て話すこと。声をしっかり出すこと。そうすれば、相手はきっと喜んでくれます。

相手と気持ちが通い合う喜びも、実感できるでしょう。

「気持ちがふれ合う」と、さわやかな喜びが広がる

人間関係が豊かな人は、コミュニケーションの取り方がはっきりしています。挨拶をされたら**相手に顔を向け、微笑んで返事**をします。**後ろから「こんにちは」と言われれば、さっと振り返り、アイコンタクト**を取って「あら！　こんにちは」と返事をします。

初めての教室受講者でも、感じのいい人は、私たちの「筆記用具はお持ちです

か？」の声に、パッと振り返って「大丈夫です」と笑顔を向けてくれます。

彼らの最大の特徴は、他人を信じていること。自分がメッセージを送れば、相手からも返ってくるとわかっているのです。

さらに他人とコミュニケーションすることは、ただの儀礼ではなく、気持ちがふれ合うことで喜びがあふれることも知っているのです。他人とのコミュニケーションを面倒くさく億劫《おっくう》と感じている人とは、天と地ほどの差があります。

この喜びは、一度知ってしまうと手放せなくなります。

何しろ、他人と挨拶したり思いやりを態度で表わしたりするだけで、幸せな感覚が続々とやってくるのですから。

コミュニケーションの上手な取り方をマスターすれば、あなたも同じ幸福感を味わえます。ぜひ取り組んでみてください。

挨拶とは「心のやり取り」なのです

17
家族への「声がけ」も立派なコミュニケーションの練習

あなたの家には「おはよう」や「行ってきます」「お帰り」の言葉がありますか？

顔も見ずに、聞こえるかどうかわからない声で言っているようでは、「やっている」のうちには入りません。

既婚の方は、ご主人や奥様に。未婚の方は、ご両親に。**家族に挨拶や声がけができているかどうかが、コミュニケーション能力の有無を分ける習慣となる**のです。

このことを教室のレッスンでお話ししますと、ある男性は「嫁にですか？　子供の前でですか？」とうろたえていらっしゃいました。奥様に「おはよう」や「ただいま」を言うのに、そんなに抵抗感があるのかと、私もびっくりしたものです。

私が教室で聞く限り、結婚後一、二年で夫婦間の「おはよう」からアイコンタクトが消えるようです。子供にも、小さいうちは愛のこもった挨拶や声がけをしますが、成長して憎たらしくなると、それも忘れ去られてしまうようです。

外で愛想がない人は、家族とも気持ちの通う挨拶をしていないはず。もし本気で他人と心を通わせる力を養おうと思うのなら、家の中から改革を始めてみてはいかがでしょうか。

「おはよう」の習慣があれば、前の夜ケンカしても……

朝、夫婦でアイコンタクトを取って「おはよう」を言うことは、それだけで「今日も愛しているよ」と言っているに等しいこと。

だから、家庭で挨拶からアイコンタクトが消えたら、「愛が薄くなりました」というメッセージになります。

不肖《ふしょう》、私はまもなく結婚四十年。

ケンカした翌朝も、顔を合わせたくない自然な感情をなだめつつ、家内に「おはよう」と顔を見て言っています。

さすがに笑顔はないです、人間だもの。

でも、言えるだけでもたいしたものでしょう。

世界で一番愛している、信頼しているのは妻であり、夫であり、子供のはず。そんな大切な人に、毎朝最高の気持ちを贈れずにいる人が、外で誰に素敵な気持ちを贈れるでしょうか。「内にないものは外にもない」というのが人生の法則です。

しかし、今までしていなかったことを急に実行すると、「なによ」とか「どうしたんだ」と訝《いぶか》しがられる可能性が高い。

ここでギブアップしないで、愛情を込めたアイコンタクトを使って「おはよう」「おやすみ」「行ってらっしゃい」「お帰り」を続けてみてください。

挨拶はされて嬉しいことですから、数日で相手も受け入れてくれ、向こうも同じことをしてくれるでしょう。愛情がさらに深まることをお約束します。

✓ まずは家庭内から「気持ちの通う挨拶」を

18 挨拶は自分の心にもプラスをもたらす

ある日、ニュースを見ていると、挨拶の特集が放送されていました。フリーターふうの若者がインタビューに対して「近所の人に挨拶？　意味を感じないっすね。自分はしてません」と答えていました。

気の毒ですが、彼に幸せで裕福な未来は待っていないかもしれません。

挨拶は一体何のためにするのか。この意味を、幼い子供にもわかるよう伝えられる人は、そうはいないでしょう。

礼儀などという説明では、まったく意味が伝わりません。

「私はここにいます」という自己アピールだと言う人もいますが、そのままの言葉を挨拶代わりに言われたらどんな気がするかを考えれば、その間違いに気づくはずです。

挨拶は、あなたの優しい気持ちを伝えるものです。

意味は、相手と状況によって変化します。「初めまして、よろしく」「会えて嬉しい」「お待ちしてましたよ」という意味もあるでしょう。

人見知りの人には「大丈夫、安心して」、目上の人には「尊敬しております」という意味を伝える挨拶もあるでしょう。

挨拶をしない人、形だけの挨拶しかできない人は、他人に温かなメッセージが送れないのですから、人といい関係が築けるはずがありません。

親切も無視も、全部自分に返ってくる

多くの人は誰かに親切にしたり、責めたり無視したりした時に、それは相手に対して、気持ちを表現していると思い込んでいます。

しかし、それは誤解です。行為は相手に向かいますが、**あなたが表現した優しさも**

醜《みにく》さも、すべてがあなた自身に向かいます。

たとえば、電車でお年寄りに席を譲った時。本当に優しい気持ちで「どうぞおかけください」と伝えた時、自分の心に広がる温かさを、誰もが実感したことがあるでしょう。

反対に、腹が立って誰かを無視するような経験もしたことがあるはず。あの時のイヤな感情も覚えているでしょう。

人に優しくすれば自分が幸せになり、イヤな気持ちを表現すれば自分が不幸せになる。人はこんなことを日々経験しているのに、人生の法則になかなか気づきません。あなたが毎日よく表現する感情は、あなた自身に贈られ、あなたを形作り、あなたの印象を決定づけます。

人との接し方で、あなたの印象が決まります。いい加減にはできませんね。

✓「よく表現している感情」をセルフチェック！

19 どんな立場でも、自分から挨拶してみる

挨拶は目下からするもの。

考え方の古い人、上下関係にうるさい人なら、そう信じている人も多いはずです。

さらに部下や後輩が挨拶をしても、相手の顔も見ずにこっくりとうなずくだけの人も多いと聞きます。

それでは下のメンバーはやる気も起こらず、報連相（報告、連絡、相談）をする気にもならず、疲れ果てて、いずれ組織は壊れてしまうでしょう。

リーダーから声をかけてもらえることで、下で働くメンバーに大きなエネルギーが湧くことを、上に立つ者も忘れたわけではないでしょうに……。

リーダー自らがメンバーを疲れさせているようでは、大きな成果は望めません。

挨拶はリーダーからするのが基本。**朝一番にメンバーとアイコンタクトを取り、体調やエネルギー量を観察する**のです。

いつも見ているから、体調ややる気の変化を感じ取れます。やる気があれば、アイコンタクトが返ってきます。仕事の調子や人間関係に変化があって落ち込んでいる時は、人は目をそらすものです。

メンバーの変化にいち早く気づき、手を打てれば、貴重な戦力を失わずに済みます。「課長、お話があります」と言われてからでは、遅すぎるのです。

「思いやりの感性」を磨くコツ

男性の生涯未婚率、二〇四〇年頃には約30%――。

そんな驚くべき数字が新聞に躍っていました。

結婚生活には独身では経験できない様々な感情体験があるので、希望する方には、ぜひその願いを叶えてもらいたいものです。

私の教室にも、婚活されている方々が多数いらっしゃいます。中には婚活歴十年以上という兵《つわもの》も……。そんな方でも異性への優しさを持つ方なら、その優しさを表現するコツを身につければ、幸せをつかむことができます。

最近、長い長い独身生活にピリオドを打った男性も、その一人。この方がマスターしたのは、初めて女性をお迎えする時のおもてなしです。

相手も、初対面の人と会うのは不安なもの。その気持ちをやわらげる挨拶や立ち居振る舞いを覚えてからは、女性との付き合いがスムーズになったそうです。

一度思いやりを覚えると、感性が高まるのでしょう。

彼女がネコ好きと聞いて、ＬＩＮＥの返事にネコのスタンプを活用。堅いイメージの彼がそんな気遣いをしてくれたので、彼女は大喜び。たった一カ月で結婚が決まりました。

人の気持ちは、ほんの少しの思いやりで変わります。誰でもほんの少し他人への思いやりを持てば、人生が変わるものなのです。

☑「目上から」「リーダーから」が逆に効く

20 世の中の出会いは「すべて初対面」

幼い子供に「知らない人と喋っちゃいけません」と、最近の親や教育者は言うそうです。

なんという無責任。子供の未来を何も考えていないと私には思われます。

世の中の出会いは、すべてが初対面です。

小さな頃から初対面の人と話す訓練をしなければ、一体いつその力を子供は身につけるのか。最近の親は、まさか大人になれば自然と身につくとでも思っているのでしょうか。

大人たちも子供にうっかり挨拶したり、話しかけたり、叱ったりすれば通報されるのですから、触らぬ神に祟《たた》りなし。子供とはコミュニケーションできません。

そんな子供たちが最も戸惑うのは、就職面接を迎える頃です。ある日を境に「社会人にはコミュニケーション能力が必要」と突きつけられます。

彼らに欠けているのは「大人慣れ」です。それは当たり前でしょう。知らない人とは喋っちゃいけなかったのですから。

次に彼らを襲うのは、結婚問題です。知らない人と結びつく力のない人は、結婚すらできません。知らない人とのコミュニケーションを経験できない子供は、いずれ人を疲れさせる大人になることでしょう。

「社会との接点」は多いほどいい

子供には、社会との接点を持たせるべきです。

そのために危ない人、危ない状況の見分け方を教えればよいのです。

人通りのないところで知らない人と二人きりにならない。車や部屋には決して入らない。触ってくる人は要注意。危険な場面からの逃げ方も伝えておきましょう。

反対に**人目のあるところ、友達といる時などは大人に挨拶し、会話をするよう勧め**

ます。

「お帰り、今日は早かったね」と言われたら、「はい、ありがとうございます」と顔を見て返事をする。「運動会はいつ？」と聞かれたら、「今度の日曜日です」と答える。とくに「です」「ます」を使えるようにしつけておくことは、大人と話す最初のステップになります。

家にかかってくる電話にも、積極的に出させるべきです。会社に入って初めて、電話でよその人と丁寧に話すような事態になることは、親として回避させなければいけません。

親の保護のない場所で、よその大人と会話する経験を積ませて初めて、あなたのお子様は大人になる練習を積みます。それは、他人への思いやりを身につけることでもあり、結果的に、人を楽しくさせる話し方への第一歩を踏み出すことになるのです。

☑「知らない人」ともソツなく話せるスキルが大事

3章

相手が嬉しくなる「聞き方」のコツ

――受け止めるも、広げるも、全部思い通り

21 「無反応」では、会話が続かない

そばにいて最も疲れるタイプと言えば、やはり無反応な人でしょう。

「来月、家内と旅行に行くんですけどね」「はい……」

「夫婦で旅行すると話すこともあまりなくて、困るんですよ」「へえ……」

「何しろ毎日会っているわけですから、面白い話とか気がついたことは、すでに全部喋ってますからね」「そうですか……」

疲れるタイプも様々ですが、力のない返事しかしてくれない人は、私たちにエネルギーダウンをもたらす存在です。

私たちは自分の感じたことを人に話し、それを聞いた相手が共感によってまた返し、それを受け取ってようやく、自分の感じ方をつかみとります。

私たちは、他人なしでは、自分の感じ方すら手にできない存在のようです。おかしなものですね。

反応が悪い人と話すとがっかりするのは、欲しかったフィードバックがもらえないからです。

いい反応の持ち主になりたければ、**相手が言っている内容と同時に、相手が伝えようとしている気持ちに焦点を当ててみてください。**

相手が欲しい反応ができるようになるはずです。

「感じた気持ち」を返してみよう

話し手が自分の「思い」を言葉にする。

聞き手は「感じたこと」を反応で返す。

面白いことに、話し手は、それでようやく自分が本当に感じていたことに気づけるのです。

「娘が、父の日に初めて手紙つきのプレゼントをくれてね。恥ずかしかったよ」

「それは幸せですね」

と笑顔で言ってもらえて、「ああ、自分は嬉しかったんだ」と強く実感できます。

「彼氏と食事の約束をしていたのに、彼氏に友達と出かけるからって言われてキャンセルになったのよ」

「それはひどいね」

と同情を含めて言ってもらえると、「自分は悔しかったんだ」と気づくこともあるのです。私たちは、一人では自分の感じていることにも気づけません。しかし、相手の反応を受けて、自分の感じ方がどんどん引き出されるのです。

人は自分の感じ方を知り、自分自身の感情と出合うために話をします。自分の本当の気持ちに気づくと、私たちは大きな喜びに包まれます。

だから反応のいい人は「聞き上手」と呼ばれ、誰からも愛されるのです。

✓「相手が望んでいるフィードバック」を返せる人になる

22 「聞くのが好き」と言う人ほど、実は人の話を聞いていない

世の中に「聞くことが大事」と訴える本がいくら出ようとも、その本当の意味を誤解し、「私は話を聞ける」と思い込んでいる人がいます。

しかし、「相手の言っていることをちゃんと理解している」という程度では、相手を心から満足させることは難しいでしょう。

話し手は、あなたの反応を通して、自分の感じ方を知りたいのです。

黙って聞くだけでいいのなら、ふくろうのほうが上手です。「ホー、ホー」って言ってくれますから。

話を聞くというのは、体を相手に向け、顔を見て、大きくうなずいたり手をたたいたりして、聞き手が感じたことを全身で表現することです。

そして「うん」とか「ええ」と相づちを打つ時だって、腹筋に力を入れて力の込もった声を返すもの。けっこうしんどいですよ、これ。だからこそ聞き上手は愛されるのです。

「私、聞くのが好きなんです」という安易な物言いをする人がいます。それは気合いの入っていない聞き方のはず。全身を使って聞き、そこで感じたことを表現するのは疲れることだから、安易に好きになどなれないものなのです。

話し手と同じテンションで言葉を返してみる

「私の企画が会議で通りそうでして」

「それは素晴らしい！」

「二年も練った企画なんですよ」

「二年もですか！」

「当時の上司には全然評価されなかった企画なんです」

「よく辛抱《しんぼう》されましたね」

こちらが楽しそうに話せば楽しそうな言葉を返してくれ、辛そうなら同情したような気持ちが返ってくる。二人は同じ気持ちを共有し、同じイメージを持つ。「ああ、この人は私のことをわかってくれる」と話し手が感じると、お互いの心に橋が架《か》かったかのように気持ちが通じます。これはたとえではなく、本当に心と心がつながるのです。

そうなると話し手のイメージしたものを、聞き手も瞬時にイメージできるようになります。ツーカーの仲と昔は言いましたが、まさにその状態が出現するわけです。

そうなると二言三言話せば、すべてが相手に伝わり、わかってもらえる。ラブラブのカップルでは当たり前に起こっている現象が、初対面の二人にも生まれるのです。

だから反応のいい人と話すのは本当に楽しい。「えーーっ！」と驚いてもらえたら、話し手の脳裏に「あれもあった！」といい話が浮かぶのです。

「えーーっ！」と大げさに驚いてみよう

23 「トンチンカンな反応」が相手を疲れさせる

十二月に入ってすぐのこと。ある人に「昨日、ゴルフでベストスコアを出しました」とメールをしたら、「冬でもゴルフするんですか」とのお返事。

「そこは、素晴らしい！　感激ですね、って返すところでしょう」と心の中で突っ込んでおきました。

うちの教室の山田という講師に「風邪を引いて昨日はトイレに七回も行ったよ」と言うと、「へえ、数えたんですね」との返事。

すると横にいた梶村という講師が「そこは、七回もですか！　でしょうが」と笑いながら突っ込みを入れました。

そう言われて私も「七回もですか！　のほうが確かに嬉しいね」と爆笑。

聞き上手というのは、相手が期待する反応を返せる人のこと。とても難しいコミュニケーションです。

たとえ相手の期待を外した反応をしたとしても、相手が「そこは違うでしょ！」と言ってくれるわけではないので、自分ではなかなか気づきません。

「相手の気持ちに焦点を当てて聞く」のは、なかなか難しいものです。

はじめの「はい」で、話し手をラクにしよう

話し上手が無意識にしていること。それは、話し始めのところで「私ね」と話を短く切って、聞き手を見ることです。

一方、聞き上手が無意識にしていること。それは、話し手が「私ね」と話しかけ、そこで間を置くと、「ええ」と力の入った相づちを打ち、話し手を見ることです。

当たり前と言われれば当たり前なのですが、聞き下手は「私ね」と言われても反応せず、相手をじっと見て次の言葉を待っています。聞き下手にとっての大きな心配事は、会話が途切れること。だから話の展開をしっかり聞いて、何か言わなければとい

う思いでいっぱいなのです。

しかし会話で重要なのは言葉のやり取りではなく、お互いの気持ちが通じ合うこと。


「私ね」

「ええ」

「おいしいハンバーグ屋さんを見つけたんだ」

「えーっ！」……。


こうして気持ちをキャッチボールすれば、お互いの心に橋が架かる。

これを身近な人で、一度体験することをお勧めします。

まずは「私ね」とか「昨日ね」と言われたら、すかさず「ええ」とか「はい」と返してみましょう。その後の会話に起こることをお楽しみに。

相手の「聞いてほしい」部分に反応する

24 話し手が欲しいのは、質問より「共感」

「聞き上手とは、質問がうまい人」と思っている人も多いでしょう。

私が話し方教室を開いていると言うと、たいていの人は「生徒は何人？」「どんな人が来ている？」「授業料はいくら？」と畳みかけて聞いてくる人がいます。

そして、自分の聞きたいことが終わると、まったく興味を失ったかのような態度で話を変えてしまう。こちらは思わず拍子抜けしてしまいます。

人は、自分が知りたいことばかりを、つい尋ねてしまいがちなもの。

「私、雑貨屋を開こうと思っているのよ」と言われたら、つい「どこで？」「開業資金はどうするの？」「誰か雇うの？」と質問したくなりますが、それではまずいのです。

なぜなら、彼女が「私、雑貨屋を開こうと思っているのよ」と言った意図を、まだつかめていないから。

彼女はこの後、「主人が後押ししてくれたの」と、のろけたいのかもしれない。「今の仕事に嫌気がさして」とグチを言いたいのかもしれません。

しかし**余計な質問をされると、話し手はそれに答えざるをえなくなります。**

すると、話がその人の意図から外れて、別のコースに行ってしまう。

これでは話し手には、不満しか残らないことになってしまうのです。

こんな共感が相手の話を引き出す

話し手の気持ちを察することができる本物の聞き上手は、「私、雑貨屋を開こうと思っているのよ」と言われたら、**「雑貨屋？　いいじゃない」**とか**「へー、積極的ね」**と**共感を示し、話し手の言葉を待ちます。**

すると話し手は、自分が話したかったことを自由に言葉にできます。

人は、自分が話したいことを聞いてもらえれば、言葉が後から後から口をついて出てくるものです。

「小さい頃からの夢だった」

「実はネットでも集客を考えている」

「夫も子供も応援してくれている」

と、こうなれば話し手の脳裏には、聞いてほしいことが、洪水のごとくあふれかえるはず。

その一つひとつに「へー」「すごい」「楽しみ」「素敵」と相づちを打っていけば、もう話は尽きません。

それ以上に、話し手は、自分の思いを十二分に受け止めてくれる聞き手に、喜びと感謝の気持ちを抱くことは間違いありません。話し手の言いたいことがつかめてきたら、今度は質問をしても、機嫌よく話してくれるでしょう。

✓「自分が知りたいこと」より「相手の話したいこと」

25 「経験のない話」でも、楽しく広げるポイント

「カラオケのマナー違反」というネット記事を見て、私はぶったまげました。

「自分の知らない歌を歌う人」というのが、堂々とランキング入りしているではありませんか。うかつに若い人が知らない懐《なつ》メロを歌ったら、非常識人間という烙印《らくいん》を押されるということです。

さて、情報化社会と呼ばれる私たちの社会では、仕事も様々、趣味もいろいろ、文化も多様で、経験も知識もない事柄が巷《ちまた》にあふれています。ほとんどの人が、あなたが知らない知識や経験のない話を持っているものです。

「明日ゴルフなんですよ」「小学生の子供が二人いて、言うことを聞きません」「仕事が営業なもので」……。

そう言われて、

「私、ゴルフのことはわからないので」「独身なもので、子供の話はちょっと」「営業はしたことがないので」と、まったく話についてきてくれない人の、いかに多いことか……。

でも知識や経験のない話を聞けない人は、自分の知っている小さな世界から出られません。これでは会話をできる人が限られてしまい、刺激的な話も信じがたい生き方をする人の話も聞けずじまいで、人生のスケールが小さくなってしまいます。

未知の世界の話だからこそ聞かせてもらう

経験のない話でも、人は楽しく会話ができるものなのです。

そもそも、知らない話だと会話できないという人は、自分がゴルフや子育ての話をしないといけないと思い違いをしています。その経験があるのは相手なのだから、相手が話をできるように、うまく質問すればいいのです。

ただ「ゴルフのハンデ」とか「ＰＴＡの会合」とか「営業で扱っている商品」につ

いて話を聞いても、話についていけないから楽しくはないでしょう。

コツは、相手の人柄に焦点を当てること。ゴルフや子育てや営業そのものではなく、相手の人がどう感じ、いかに振る舞うかを聞かせてもらうのです。たとえば、

「ゴルフをする時は、どんな気持ちなのか？」

「子育てで腹が立つのはどんな時か？」

「営業で困った客とはどんなタイプか？」


などと話を向けてみます。

すると相手からエピソードが出てきます。そこには感情があり、人間模様がある。わくわくし、びっくりするドラマがあります。そこからその話題についての知識も聞かせてもらえるので、まさに一石二鳥というわけです。

✓質問するなら「相手の人柄」に焦点を

26 強引な話題作りより「自分エピソード」を

人生相談などを見ていると、会話下手の人に「共通の話題を探しなさい」とアドバイスしている回答者が多い。

無責任なアドバイスだと思います。様々な情報があふれるこの世界で、初めて会った人との共通の話題を探すのはとても難しいことなのに……。

また、初対面の人に「出身はどこ?」「学校は?」「趣味は?」と質問を浴びせかける人も、共通の話題探しの病《やまい》にかかっています。

「この人、なんとか共通の話題を探そうとしているな」と感じただけで、こちらが興ざめになることもあります。

そして、もし運よく共通の話を見つけたとしても、そこから盛り上げるのは容易ではありません。

「高校が近いですね。○○の喫茶店、知ってますか?」とか「ラグビー部のマネージャー! 私もラグビー部でした。○○高校の××選手は、有名なチームに入ったんですよね」と強引に自分の知っているところに、話を持ち込もうとしがちです。

そこには相手のエピソードはありません。ただ情報的なお話があるだけ。

それでは会話は盛り上がらないはずです。人は、誰もが自分の話を聞いてもらい、お話の主人公になりたいのですから。

ちょっと頭を回せば「共通の話題」は見つかる

本当は、共通の話題は二人の間に満ちあふれています。

それは、**あなたが日常的に行なっていること**。

朝起きて、朝ごはんを食べ、仕度をし、家を出て電車か車に乗り、会社に着いて仕事をし、ランチを食べてまた働き、時間が来たら家路《いえじ》につく。

多くの人が他人によく思われたいし、電車では座りたい。お菓子やケーキ、果物など、ご馳走は大きいほうを食べたい。それに誰もが親や兄弟がいて、友人も恋人もいる。上司、部下、先輩、同僚、後輩もいます。嬉しいことも、うっとうしく感じることもあります。全部が共通する話題です。あとはお話をどう料理するかが問題なだけ。

あなたが朝起きるのが苦手なら**「朝は強いほう?」**とか、朝食に気をつかっているのなら**「朝ごはんはしっかり食べるほう?」**などと話を向けてみましょう。それなら誰もが話題を持っているでしょう。

自分に興味を持ち、自分のことをたくさん把握《はあく》できていれば、話題は多くなります。自分は朝の仕度が遅い。通勤電車で座るための作戦を立てている。デパ地下では用もないのに洋菓子売り場に行く……などなど。

「あなたはどうですか?」と切り出せば、そこから会話が始まります。すべてが共通の話題となるのです。

「話題の宝庫」は身近なところに

27 「元気出して」と言われても元気は出ない

いつもグチばかりの人はいただけませんが、人間誰しも、ネガティブになる時があります。

「今の仕事は向いてないんじゃないかな」「もう限界かも」「あの上司にはついていけない」と、凹《へこ》んだ気持ちを言葉にすることはあるものです。

こんな時、そばにいる人の対応は重要です。一番苦しいのが励ましタイプ。

「そんなことないよ。○○さんが向いてないのなら、この仕事は誰もできないよ」

「もうひと頑張りしてみようよ。できるから」

「仕事頑張って、上司を見返してやろうよ」

こんなふうに励ましたからと言って、相手が元気になるとは限りません。言った本人は「いいこと言った」とご満悦《まんえつ》かもしれませんが……。

どうもみんな、映画やドラマにだまされているのではないでしょうか。

落ち込んでいる人が、主人公の励ましにファイトを燃やして立ち上がり、リベンジを果たす……そんなことは、現実にはほとんどないのに。

作り話のように、カッコいい役になりたい気持ちはわかります。しかし、「元気出して」と言われて本当に元気になるほど、人間は単純ではありません。

まずは、そばにいてあげよう

感情とはエネルギーの流れ。そう理解できれば、ややこしい感情とも、うまく付き合えるようになります。

私たちは、感情のすべてを体験したいと願っているのです。心の奥からあふれ出る感情を抑えつけることなく、自然に感じることができたら、その感情はもう暴れることはありません。

「もう限界かも」と言葉を吐き出したということは、仕事がうまくいかず無力感に襲われている状態です。

そばにいる人は、相手の現状を変えることよりも、**相手がその辛い気持ちを受け止め、吐き出せるよう手伝う役目を担《にな》えばいい**のです。

相手が「もう限界かも」と言ったら、あなたは「ずいぶん辛そうね」と返す。すると、相手は「うん、実は……」と今の感情を吐き出してくれます。

「辛そうね」と相手の気持ちを言葉にしてあげるのが聞き上手。

「人は自分の思いを言葉にして初めて、自分の気持ちに気づく」と、この章の冒頭でお話ししましたね。

自分の気持ちに気づくと、その感情は心という通路を通って、そのエネルギーを発散し、消え去ります。

「話を聞いてもらってラクになった」という体験をしたことがある人なら、この感覚を理解できるはずです。

励ますより「受け止める」

28 「私、聞き上手なんです」と言う人に注意

「私は聞くほうは大丈夫なんです。友人に、聞き上手ねって言われたことがありますから」と、ある生徒が私に言いました。

その方は無表情で反応も小さく、聞き上手とは程遠い存在。私は内心「本当かな……」と疑ってしまいました。

それ以後、定期的に「他人から聞き上手ねと言われた」と言う人が現われます。

失礼ながら、どの人もいい反応の持ち主ではなく、心の中でつい「うっそー」と突っ込んでいました。

そこで私はハタと膝《ひざ》を打ちました。

彼らは皮肉を言われているのかもしれない、と。

「聞き上手ね」という冷静な言葉の裏には、**「あなたは黙って聞くだけで、話しにくい。しかも自分の話はちっともしないのね」というイライラが隠されている**のです。

同じように「あなたも何か話したら」という言葉の裏にも、「あなたは反応が悪くて話しにくい」という気持ちが隠されています。

言葉の上では聞き上手という言葉を使っていますが、実際には「話しにくい」「疲れる」と言っているのです。

他人から「聞き上手」という言葉を贈られたら、冷静になって、相手が笑顔で満足そうに言っているかどうかを確かめてみましょう。

本当の聞き上手は、他人に聞き上手と悟られない

表情が豊かで、いい反応をしてくれる人は、不思議なことに「聞き上手ね」とは言われません。

本物の聞き上手と出会ったら、誰でも話が後から後から湧き出てきて、我を忘れて話すものです。**楽しくて楽しくて、相手が聞き上手かどうかなんて気がつかないし、**

そんなことはどうでもよくなるからです。

いい反応の人に出会うと、人はもう相手に話をしてほしいとは思いません。できるだけたくさん、自分の話を聞いてほしいと思いますから。

自分の話を聞いてもらえることには、人間にとってえも言われぬ恍惚《こうこつ》感があります。二時間や三時間なんて、あっという間に感じます。

面白いことに、話し手は、その状態が聞き手のおかげであるとはなかなか気づきません。「今日はなぜか絶好調だぜい！」と勘違いするのです。「私がこんなに楽しく話ができたのは、あなたのいい反応のおかげです」と気づける人は、おそらく相当のコミュニケーション力の持ち主でしょう。

ただし、聞き上手と一緒にいると、誰でもいい気分になりますから、「あの人は大好き」と思われることだけはお約束しておきます。

✓ 相手の「夢中」を引き出せていますか？

29 型通りの「オウム返し」は、今すぐやめる

聞き上手の本を読むと、必ず出てくる「オウム返し」。

「リンゴが好き」と言われたら「リンゴが好きなんだ」と同じ言葉を返しなさい、というアレですね。

しかし、このオウム返しを実際の会話で使うと、だいたい失敗に終わることが多いのではありませんか？

とくに会話が苦手な人が使うと、失敗しやすいはずです。

原因は、**気持ちが入っていないと相手に違和感を与えてしまうから**。

私たちは言葉に気持ちを乗せて、相手に投げかけています。それを受けた聞き手が返すべきなのは、言葉よりも気持ちなのです。

「今度ドイツに行くんです」と言われて、気のない「へー、ドイツですか」しか返さなければ、話し手は「なんでそんな言い方するの?」と違和感を持つのです。

「えーーーっ、ドイツ!」

「わーーーー、ドイツですか♪」

というふうに、びっくりした気持ちや、うらやましい気持ちが返ってきて初めて、人の話すスイッチをオンにできるのです。

反応が小さい人は無理にオウム返しなど使わずに、「へー」とか「そうなんですか」と返しておいたほうが無難だと思います。

驚いた感情を言葉に乗せてみる

聞き上手は、ここぞというタイミングでオウム返しを多用します。うまく使えばオウム返しは、会話を弾ませる大きな武器になります。

コツは、**相手の話の中で気持ちが激しく動いた言葉に反応して、オウム返し**をすることです。


「私の彼氏は、十二歳下なのよ」

「えーーーっ！　じゅーにさいも！」

「給料が三万円下がったのよ」

「わーーーっ！　さんまんえん！」

「うちの弟ね、ウクライナの人と結婚するの」

「へーーーっ！　ウクライナの人とー！」


このような感じで、はじめに「えーーーっ！」「わーーーっ！」「へーーーっ！」と感情表現を含む言葉をつけるのも、大事なポイント。

話し手は「ここは驚いてよ」「ここは食いついてよ」と期待しながら話をすることがあります。

その気持ちを察して、キーワードに驚きや羨望《せんぼう》などの気持ちを最大限にまで込めて反応すれば、話し手は大満足です。

気をよくして、「その彼氏とは、はじめは不倫だったのよ」とか「うちの会社は危ない」とか「外国の女性と結婚することに母親は反対している」などと、言ってはいけない秘め事まで話してくれるかもしれません。

「気持ちが動いた時」のオウム返しは効果的

30 大切な人に「愛しています」が伝わる聞き方

家族や恋人が相手だと、人は気を許してつい「昨日ね」とか「会社でね」などと、突然話を始めてしまうことがあります。

そんな話を聞く時に、相手の顔も見ずに力のあまり入っていない声で、「え?」とか「へ?」なんて態度を取ってしまう人は要注意!

愛する人が去っていく、愛する家族の気持ちが離れていく原因になるかもしれません。

そんなことで⁉　と思った人は、かなりの聞き下手です。もちろん一回や二回ではそうはなりませんが、恋人同士なら数回で、夫や妻なら十回程度で、相手の気持ちは確実にあなたから遠ざかります。

たとえそれが「スーパーで白菜が安かった」「帰りがけに白いネコを見た」というような取るに足らない話題でも、頑張って反応しなければなりません。人は自分の言葉、そして気持ちを相手に受け止めてほしいと願って話しかけているのですから。気のない反応は「あなたのことを愛していません」というメッセージになってしまうから恐ろしい。

恋人との付き合いや、結婚生活がうまくいっていない人は、自分の反応が相手を疲れさせていないか、振り返ってみる必要があるでしょう。

「たわいない話」にも、しっかり反応

恋人、夫婦、親子との関係が円満な人の大きな特徴は、大事な人のちょっとした話にいい反応ができること。相手が「昨日ね」と突然話し始めたら、とりあえず体を少しでも相手に向けて、顔を見て「うん」と返事をします。

愛する人との関係が悪い人は「え？　そんなことまでするの？」と言いますが、愛する人との関係が円満な人は「それだけで全然違いますよね」と言ってくれます。

でも、相手のたわいない話にもしっかり反応するだけで、「あなたを愛している」という意思表示になるということをご存じでしょうか。

「あなたを大切に思っている」「あなたは価値のある人だ」という意味も含んでいます。

反対に、反応が小さく薄いのは、「あなたは、私にとってさして重要な人ではない」ということになります。とくに既婚者で家族に対して反応が薄い人は、毎日「愛していない」と言い続けているのと同じ失望を、家族に与え続けているのです。

驚いたら、のけぞる。いい結果には拍手する。「なるほど」と思ったら膝を打つ。難しいことを言われたら腕組みして「うーん」と唸《うな》る。

そんな**体を使った反応が、周りの人の笑顔を生んでいる**のです。愛される秘訣は、そんな、何気ないところに潜んでいます。

相手の気持ちを「体を使って」受け止めていく

4章

「知性」と「信頼感」を感じさせる話し方

——デキる人は「間合いの取り方」がうまい

31
「自分はデキる」と主張するほど、評価は落ちる

この社会をややこしくしているのは、優れている者こそ偉いのだという呪縛《じゅばく》です。もちろん能力があって、素晴らしい仕事をなしえる人は素晴らしい。問題は、能力がないのに、あるように見せたがる人たちです。

中でも、その特徴を余すところなく持っているのが、「意識高い系」と呼ばれる人たち。

確かに能力やお金、才能は多少あるかもしれませんが、「自分はデキる側の人間だ」と誇張せんばかりの振る舞いをします。

ある大きな洋菓子店の若い二代目が、私の教室にやってきました。

先代から会社を引き継いだものの、社内はバラバラでまとまらず、彼と社員とのコ

ミュニケーションも最悪。それを改善できればと、周りが無理やり連れてきたのです。

彼が店長だった店は赤字続きで、退職者も続出したとか。それなのに、彼の第一声は「私は話すのがうまい」「MBAだって持っている」でした。

でも、お世辞にも話すのがうまいとは言えず、「これが世にいう意識高い系人間か」と心の中で唸りました。

謙虚さがなければ、人は成長できません。お気の毒ですが、お引き取りを願いました。こんな人が職場にいたら、周りの人々は本当に疲れるでしょうね。

「強がらない言い方」をする人は清々しい

魅力的な人間になれるかどうかの別れ道。

それは**自分を実力以上に見せなくても、人は自分を認め愛してくれると信じられるかどうか**、です。

「彼女はいるの？」と聞かれた時、**「もう三年もいないんですよ。クリスマスとか花火大会の時は本当に寂しいですよ」**と言える人はモテます。

反対に「今は仕事が忙しいんで、彼女と付き合う時間がない」と見え透いたウソをつく人は、相手から「小さい人間」のレッテルを一瞬で貼られてしまうでしょう。

「新しい仕事はどう?」と聞かれて、**「まだ全然慣れません。叱られてばかりです」**と素直に言える人は見所があります。

同じ質問に「未知の体験を楽しませてもらっています」と強がりを言う人は、「話しにくいヤツ」と相手に思われ、距離を置かれてしまうでしょう。

うまくいっていない現状を正直に認められる人というのは、心の底で「将来は必ず物事をいい方向に向けられる」という安心感を持っているのです。他人はその率直さにふれて、その人に好感を持ちます。

自分の中でうまくいっていない部分、自信のない部分を素直に認め、表現できる人は、大人物《だいじんぶつ》になる可能性を秘めています。

✓「至らない部分」こそ率直に認めてしまう

32
謙虚な人ほど愛され成長できるワケ

「プレゼンできますよ」「ふだんはけっこう面白いんですよ」「異性に気遣い？……ええ、できますよ」……と、知人からまさかの宣言。

「プレゼンしてるの見たことないし！」「あなたの話で笑ったことないし！」「いつも全然、気遣ってないし！」と思わず心の中で突っ込みを入れた経験は、誰にもあるはず。

こんな人は、なんでも「できる、できる」と言うことから、「できる君」「できるちゃん」と呼ばれているそうです。「デキる人」とは正反対の意味なので、ご注意を。

とくに男性は、基本的に自分は「デキる人間」だと思いたい傾向が強いもの。

だから数字で明確になる分野は別として、「人前で話ができる」「面白い」「気遣い」のように評価基準があいまいなものには、「自信がある」と言ってしまいがちです。

これは、自信や能力の低い人に顕著なようです。

原因は、その人の持つ評価基準の低さにあります。

たとえば「女性と（女性なら男性と）、お茶をしたことがある」「誰かが自分を好きだと言っている噂がある」という理由で、自分はモテると言いきってしまうのです。

でもまさか「あなたは、そこまでモテる人ではないと思いますよ」とは言えませんし、ほめればさらに調子に乗りそうです。このように、「できる君」「できるちゃん」の扱い方は難しくて、本当に疲れます。

「自分を過信しない人」は強い

テレビで人気のイケメン俳優。

彼らに「モテるでしょう」とレポーターがインタビューすると、ほとんどの人が**「まさか！　本当にモテないですよ」**と答えています。

年収ウン億円の実業家も「ビジネスの才能にあふれているのですね」と尋ねられると、**「ビジネス環境は刻々と変化していますから、今成功していると言っても、明日はわかりません」**などと答える人が多いです。

本当に自信のある人は、必ず謙虚なもの。彼らは自分に厳しいのが特徴です。

美男美女なのに「モテない」と言う人は、数多《あまた》の異性から言い寄られても、本命に振り向いてもらえなければ意味がないと知っています。

ビジネスで成功している人は、自分よりもさらに大きな存在がいることも、またさらに大きな困難が待ち構えていることも、知っているのです。

この謙虚さが、彼らをさらに大きな人物に見せてしまう結果になるから面白いものです。謙虚というのは、もっと大きな目標、さらなる成長を見据えた人間だけが持ちえる才能なのでしょう。

こういう人は、能力に満ちあふれているにもかかわらず親近感を覚えるので、多くの人から愛され、成功をつかみやすいのです。

「驕《おご》らない人」にはチャンスが集まる

33
欠点を指摘されたら「ありがとうございます」

自分の能力のなさを認められない人は悲しいものです。

新人が入ってくる春先にはよくある光景ですが、成果の出ない新入社員が先輩から指導を受けた時に「自分は自分のやり方でやります」と言い返すケースは少なくないそうです。

「キミのやり方でやってきたから、成果が出ていないんでしょうが」と言いたいところを、グッと我慢している先輩も多いはず。

また「私は私のペースでやっていきます」と言い出す人もいるのだとか。「あなたのペースでやってたら、日が暮れちゃうよ！」と言えるものなら言いたい人も多いでしょう。

これらは、「私の（成果の出ない）やり方を変えるつもりはない」という宣言にほかなりません。

彼らは一見堂々としているようですが、自信があるわけではありません。

むしろ、自分にまったく自信が持てないので、効率的でない行動を少し指摘されるだけで、「全否定された」と感じてしまう。

こんな若手を指導する立場の管理職は、パワハラなどの問題もあって、彼らの扱い方に相当お困りのようです。

「耳の痛い話」ほど成長させてくれる

指摘された自分の欠点を変えるのは、勇気のいることです。

たとえばコミュニケーションの上達を目指す人に、「朝、同僚の顔を見て挨拶をしてみることから始めてみませんか」と提案しても、「うちの会社は、顔を見て挨拶する人なんかいないので無理です」と拒否されることが時々あります。

一方で、改善点を提案すると「ありがとうございます」と言ってくれる、さわやかな人もいます。内心はイヤでしょうが、彼らは**自分が改めるべき点を知ることが成長につながる**と知っているのです。

そして「うちの会社では、顔を見て挨拶する人はいないと思っていましたが、実行してみると、向こうは私を見ていたことに気づきました。不覚でした」とフィードバックしてくれます。

こんなことを言われると、「自分の至らなさを素直に受け止めることができるんだ！　素敵な人だな」と誰もが思います。会社でも、周りの人から尊敬されているはずです。

自分のマイナス点を受け止める力がある人とない人とでは、わずかな間に大きな差がついてしまうことがよくわかります。

「不覚でした」と返せたら、ひと回り大きくなれる

34

素直な「知りませんでした」が信頼感を醸成する

「自分は優れている」という思いにしがみついている人は、「知らない」という言葉を言えないようです。

それは「今、○○というアイドルグループがとても人気があるようだね」などといった世間話でも、例外ではありません。

初耳にもかかわらず「そうらしいね」などという言葉が口をついて出てきます。

さらに自分の仕事の話になると、知らないことを認めない人の数は急上昇します。

とくに自分より年下に対して「知らない」と言うことは、恥ずかしいと思い込んでいるようです。

「先輩、この部分の処理は、こちらのシステムを使ったほうが早いのでは？」などと指摘されると、「知ってるよ。だけど私の経験では、結局この方法が一番なんだよ」と強弁して、自己流で押しきろうとします。

しかし、知識に勝る後輩から「先輩、その方法だと、いずれ破綻《はたん》することはご存じでしょう」などと突っ込まれると、「そんなことはない！」の一言で、自分の殻《から》の中に逃げ込み、話を打ちきってしまいます。

そんな姿はカッコ悪いですよね。

周りはみんな思っているはず。「あの人は、実は何も知らない」と。一言「知らなかった」と言えれば、すむことなのですが……。

「教えを乞う」ことを恥ずかしがらない

世の中には、後輩や新入社員に対しても**「それ知らなかったよ。教えてくれるかい」**と言って、頭を下げられる人がいます。

これは勇気のいることです。

ここで多くの人が思うこと。それは「後輩に教えを乞《こ》うなんて、相手に優越感を植えつけ、なめられることになるだろう」という誤解です。

しかし、後輩からすれば、先輩や上司に「教えてくれるかい」などと言われたら、嬉しいに違いありません。さらに勉強して知識を深めようとするでしょう。それが新しい知識や技術であれば、知らないからといって、見下す人はいません。

実は、本当に自信のある人は**「他人の評価は、知識や技術だけで決まるのではない。ふだんの言葉や態度で大きく左右される」**ということを知っています。

今日知らない知識や技術は、教えてもらって自分のものにすればいいのです。

今や技術は日進月歩の時代。新入社員や学生のほうが新しい情報を持っていることが、珍しくなくなってきました。

「あの情報、すごく役に立ったよ。ありがとう」と腰を低くして対応できる人は、素晴らしい情報と尊敬の二つが同時に手に入るのです。

「腰を低くしておく」と情報も尊敬も手に入る

35
「ポジティブ一辺倒」は周囲のストレスに

心の中をポジティブな思考で満たせば、人生の成功は間違いなし。

そんな信仰を、私たちは長い間持ってきました。

実は、「ポジティブ思考」と「人生の成功」に因果関係はないと断定されています。

ですが、他人より優れていることにこだわる人は、この幻想を捨てきれずにいるようです。

私は彼らを、「ポジリン」と呼んでいます。

これは、私が出会ったポジリンとの会話です。私が、「会社経営というのは、いつどんなライバルが現われるかわからないし、消費者の気持ちもどんどん変わるから、気を抜けないのです」

と言うと、

「ずいぶんネガティブですね」

と返ってきました。彼らはネガティブな思考はすべてが悪だと思っていて、相手の不安を否定します。不測の事態や将来に備えた行動すら否定するのですから、付き合いに困ります。

ポジリンのうかつなところは、たとえ人生がうまくいっていない時期でも、「心がポジティブであれば、すべてがＯＫ」だと思い込んでいるところ。そこを突くと「私の人生はうまくいっています」と言いきるので、もう改善の余地がありません。

不安は「未来からのメッセージ」

人生をダイナミックに動かしているのは「行動」です。思考をポジティブにしようと頑張るより、ネガティブな感情が心に湧いてきたら、そのような感情を打ち消せるような行動を取るほうが、人生の成功が手に入る確率は断然上がります。

実際、本当に実力のある人は、不安を悪いものとは思っていません。

「上場企業に勤めているとはいえ、将来は安泰《あんたい》ではありませんから不安です。だから社外人脈を作るとか、新しい資格を取るなど、将来のリスクに備えた動きを考えないとなりません」

彼らはこんなことを言って、実際に行動を始めます。

不安とは「このままだと危ないぞ」という未来からのメッセージ。うまく使えば、危険を回避し、人生を安らかな方向に導いてくれる素晴らしい道具です。

真に優れた人は、不安もまた自分自身の中に存在し、大切にすべきものと捉えています。だから、他人が不安な気持ちを口にした時も寛容です。

「私なんか小さな会社の事務員だし、結婚もできそうにないから不安よ」と言われたら、それを否定することなく「不安になる時もあるよね」と相手の気持ちを受け止められるのです。

不安を口にすると、「ネガティブだな」と否定するポジリンとは正反対。真に優れた人と一緒にいると前向きに生きられるので、本当に気がラクになります。

☑ 無闇に不安を否定しない

36

弱音やグチを気持ちよく吐かせる力

「会社の飲み会の場所が何回も変わって困るわ。うちの社員には方向音痴もいるから、土地勘のないところで飲み会をしないでほしい。そういった社員のことは全然考えに入ってないいんだから」

「それなら、スマホで方向音痴の人向けのアプリがあるよ。教えようか」

こんなトンチンカンな受け答えをする人は、少なくありません。

相手の抱えている問題を解決すれば尊敬され、愛されると思っている人がいますが、それは大きな誤解です。

これも「優れた者が愛される」という誤解に基づいた考えです。

だから相手の話を聞く時も、問題解決が可能なテーマに出合うと、とたんにファイトを燃やし、あらぬ方向へと話を向けます。

反対に、自分では解決できない問題になると、けんもほろろです。

「うちの会社っておかしいのよ。営業の課長が、総務の問題に口をはさんでくるの」

「そんなことオレに言われてもな。それは会社の人に言ってくれよ」

相手はがっかりです。

こんなことが積み重なると、夫婦なら家庭不和へ、恋人同士や友人同士なら別れへと進む確率が高まります。

アドバイス好きな男性は、一刻も早くこの誤解に気づくことです。

いったん「そうだね」と受け止めよう

ネガティブな気持ちを受け止める能力に長《た》けた人は、弱音やグチを聞くのが上手。

「会社の飲み会の場所が何回も変わって困るわ。うちの社員には方向音痴もいるから、土地勘のないところで飲み会をしないでほしい。そういった社員のことは全然考えに入ってないんだから」

と言われたら、**相手が一番わかってほしい気持ちにフォーカスして共感**します。

「地図を読むのが苦手な人のことも、もう少し考えてほしいよね」

自分が問題解決できなくても、気持ちをわかってあげるだけで、相手は気がラクになることを知っている人は、「うちの会社っておかしいのよ。営業の課長が、総務の問題に口をはさんでくるの」と言われたら、

「困った課長さんだね。口をはさまれたくないよね」

と優しく共感します。

気持ちをわかってもらえるだけで、人はイヤな気持ちから抜け出せる。この事実をよく知るべきです。

それだけで、世の中のストレスは、会話によってもっと解消されるはずです。

✓問題解決ではなく、共感

37

グチのフリをした自慢話に注意

「難しいお客をなんとか口説いて本社に回したら、契約破棄になったよ。本社の担当者は何もわかってない。あんな頭の悪い人間が、どうして本社にいるんだ」

「私一人が、日本国中を飛びまわって取引先との話をつけてきているのに、古株《ふるかぶ》の社員は、人の足を引っ張ってばかりいる。バカじゃないのか」

自分は優れていると思い込む人は、自分ばかりが頑張っていて、ほかの連中は頭が悪く、仕事をしていないとよく嘆きます。

本当に気の毒なのは、そんなグチを聞かされる相手のほうです。

グチ人間の特徴は、自分は才能とアイデアと行動力にあふれ、相手は愚かであると優越感を示しながらグチるところです。

そして、優越感を示しながらのグチって、結局は自慢なんですね。

自慢は快感を呼ぶので、このグチは延々と続きがちです。

しかし、聞かされるほうは、たまったものではありません。

「腹が立つ」「頭が悪い」「考えが足りない」などのネガティブな言葉を長い時間聞かされるので、気が滅入ってきます。

家庭にグチ人間がいれば、雰囲気も暗くなりがちで、子供にも悪影響を与えます。

グチ人間には、周りを疲れさせていると自覚してもらわなければなりません。

デキる人は「協力をあおぐ伝え方」をする

デキる人は、長いグチをあまり言いません。

現実を動かす自信があるからです。

彼らは、現実がうまく動いていない場合、**自分がどこで、誰に、どのように働きかければ物事がいい方向に動くか**を考えます。

本社の担当者がうまく動いてくれない時は、相手に **「自分の伝え方にまずい点があ**

りましたか?」「契約を取るために、私にバックアップできることはありますか?」などと、さらにできることを深めていきます。

古株の人たちが足を引っ張っているように感じたら、**「ぜひご助力を」「みなさんのお知恵が必要です」**とコミュニケーションを取って味方につけるでしょう。腰を低くして、相手を協力者に変える才能を持っているのです。


もし身近にグチ人間がいたら、**「相手はどうしたら、あなたの意に沿った動きをしてくれるかな」「相手はどうしたら、あなたの味方になってくれるかな」**と質問をしてみましょう。

実は、グチ人間は潜在的には能力のある人が多いので、質問からいい知恵を発見できる可能性があります。

下手《したて》に出ておだてるのが、彼らを動かす秘訣です。

✓「お知恵が必要です」で味方にするほうが得

38 失敗しても落ち込まないコツ

「やっぱり前の会社を辞めるんじゃなかった」
「こんな高い時計なんか買わなければよかった」
「なんで高速道路に乗ったんだろう。一般道より混んでいるじゃないか」
こんな後悔ばかりしている人を知りませんか。

もしいたら、その人は決して出世しません。お金も稼ぎません。

相手が異性なら、パートナーに選ぶのはやめておいたほうが賢明でしょう。いつも後悔の言葉を聞かされて、あなたの運勢まで悪い影響を受けて落ちていきます。

彼らはいつも不安を探し、不安な要素を見つけると、そこで思考が停止します。

彼らの頭の中はいつも後悔でいっぱいで、前向きな選択肢や効果的な行動を考えるスペースがありません。

いつまでも後悔し、次の新しい後悔が生まれるまで後悔を続けます。

そんな人と一緒に暮らすと疲れます。

もちろん、彼らの人生は不運の連続。それも彼らが引き寄せているのですが……。

もし今付き合っている人や友人の中に後悔癖の強い人がいれば、疲れる前に早く別れの決断をしたほうがよいと私は思います。

「さあ、これからどう改善しよう」を口グセにする

デキる人、稼ぐ人、頼れる人も必ず失敗はします。

しかし彼らは、「やめておけばよかった」「あそこでこうしておくべきだった」などとは言いません。

人生では、過去はやり直しが利かず、グチを言ってもエネルギーの浪費だと知っているからです。

彼らは**失敗し、挫折を体験した時、落ち込んだ心の中で「さあ、ここで何ができる**

だろう」と自分に問います。

失敗につながった選択をしたことにこだわらず、次の選択に気持ちを切り替えるのです。

彼らが転職に失敗したと思ったら、「この環境でできる最善の行動は何か」「次に失敗しないために、今何が必要か」と考えます。

あなたのパートナーがこのタイプなら、一生を任せるに値します。もちろん自分も、こんな発想をすることをお勧めします。

もし、あなたの身の回りに後悔癖が強い人がいて、どうしても離れることができなければ、覚悟を決めてください。

彼が後悔を始めたら、そこで**「で、今できる最高の行動は？」**と聞いてみましょう。

あなたの「調教」で、彼の思考パターンに変化を起こすしかありません。

✓「今何ができる？」は後悔を消す呪文

39

言い訳を始めたら、その夢は実現しない

「いつかこの業界で一番の人間になる」

「十年後には自分の店を持つ」

「私はこのままでは終わらない」……と夢を語るのが好きな人は、少なくありません。

有言実行ならば最高なのですが、言葉だけでまったく行動を起こさない人は、当然夢を実現することはできません。

そんな人は、夢見る「夢男くん」「夢子ちゃん」と呼ばれています。

彼らの多くが、自分は優れた存在で、ほかの人間とは生まれ持ったものが違うと思い込んでいるようです。

それがわかってしまった後で、彼らの話に付き合うのは疲れます。

「夢男くん」「夢子ちゃん」かどうか見極めるのは簡単。「業界で一番になる」「店を持つ」「このままでは終わらない」という言葉の裏づけとなる努力や行動を積み重ねているかどうかを見ればいいのです。

だいたいは「時間がない」「今は無理」「お金ができたら」と言い訳をして動きません。

この言葉が出てきたら、さっさと距離を置くに限ります。

「自分も至らないところがあった」と語っていこう

その人がただの「夢男くん」「夢子ちゃん」か、それとも本当に成功を手にできる人かどうかを見極める手段として、「リスクをしっかり言葉にできているかどうかを観察する」という手があります。

「夢男くん」「夢子ちゃん」は、ポジティブな面しか言葉にしません。

「この仕事が決まれば大きい」などと言いますが、いつまで待っても大事な仕事は決まりません。

「邪魔が入った」「タイミングが悪かった」「相手の頭が悪すぎた」とうまくいかないことを他人のせいにするのも大きな特徴です。

これに対して、デキる人というのは、現実的で悲観的な言葉が多いのが特徴です。

「この仕事が決まれば大きな商談になるのですが、先方のお偉方の説得が難しいんです。リスクにチャレンジしてもらう説得材料が見つからなくて苦労してます」

理想を阻《はば》む壁があることを認めているからこそ、それを突破する知恵が湧くのです。

そして失敗に終わった時も、「私の指示が至らなかった」「私のリスクの読みが甘かった」と責任を自らに求めます。

常に自分の行動を反省し、次はミスしないように意識しているので、この人の人生は、やがて成功へと至るのです。

こんな人がそばにいたら、本当に頼もしいですよね。

「夢」も「失敗の経験」も大いに語る

40

自分の「ふつう」を押しつけない

「ふつうメールが来たら、すぐに返事するでしょうが」

「ふつう二回に一回ぐらいは割り勘でしょ」

「ふつう奥さんが朝ごはんを作るんじゃないの」……。

以前、私が女性たちに「疲れる男」のテーマでアンケートを行なった結果、予想もしていなかった話を聞くことができました。

それが「ふつう」という言葉で自分のルールや常識を押しつけてくる男の話です。

彼女たちは男からこう言われると、心の中で次のように思うようです。

「それは、おまえのふつうだろうが。おまえは世界の中心で勝手を語るのか！」

この男たちは、「せかちゅう男」とこっそり呼ばれているそうです。

さらに「せかちゅう男」は、自分の価値観を「ふつう」と表現し、自分はいつでも正しいとでもいうかのような物言いで周りを疲れさせます。たとえば、自転車で犬の散歩をしている人を見て「ふつう、あんな散歩のさせ方はしないよね」などと言ったりするのです。

これは、必ずしも男性に限られた話ではありません。「せかちゅう人間」は、さも自分が正しく、相手が間違っていると決めつけるような物言いをするので、上から目線とあいまって、周囲のひんしゅくを買っているようです。

「価値観が違うんだね」で違いを許す

様々な人々が集い、家庭を作り、会社を営めば、そこに必ず文化や習慣の違いが生まれます。その違いを「ふつうはこうでしょう」と言って非難すれば、言われた相手はストレスを感じます。

個人の常識やルールが世界中のスタンダードではないことを知っている人は、誰からも、一緒にいて楽しい人とありがたがられるものです。

ある人が教えてくれました。

彼女と電車でお出かけした時のこと。彼は、彼女の最寄り駅の二つ前の駅から、電車に乗ります。彼女の待つホームに電車が着きます。電車が彼女のいる駅に近づいたことも、彼が乗っている車両もメールで伝え済み。彼としては、彼女がそのまま電車に乗り込んで、二人で目的地に向かうものと思い込んでいました。

しかし、彼女は電車に乗ってきません。電車のドアが閉まり、彼がホームを見ると彼女が佇《たたず》んでいます。電話すると「降りて迎えにきてくれると思っていた」とのこと。

彼女の生まれ育った町では、それが常識だったらしいのです。

こんな時、「相手が間違っている」と非難し合って争いになるものですが、彼は**「文化が違うんだね」**と笑って、お互いのルールを話し合ったそうです。

同じ日本人でも、ちょっとしたルールや常識の違いは必ずあります。違いを許せる人は、誰とでも平和な暮らし方ができるものです。

☑「そういうこともあるのか」と思える心の広さを養う

5章

男と女は「違う言葉」を話している？

——ほんの「ちょっとのこと」でストレス軽減！

41

責めずに「残念な気持ち」を伝えてみる

人は無意識に他人を責めます。まるでそれが快感であるかのように……。

「私は人を責めたりしませんよ！」と言う人は多いですが、実際は違います。

私の経験から言えば、とくに異性同士では、相手の些細な落ち度に目が行き、チクチクと責めるものです。

たとえば、一方が「誕生日っていつだっけ？」と聞くと、「もう！　前も同じことを聞いた。なんで覚えてないの？」と責め始めるケースに遭遇したことは少なくないでしょう。

これは恋人同士や夫婦の間柄になると、さらに顕著になるようです。責めることで自分の立場を優位にし、相手を支配下に置く長期戦略かもしれません。

それが証拠に、付き合っていた頃は、仏のように穏やかだった彼氏や、天使のように優しかった彼女が、結婚するや態度が豹変《ひょうへん》。「箸の持ち方が悪い」「味噌汁をこぼした」「寝相《ねぞう》が悪い」と責め立て始めます。そして結婚して一年もすると、テレビやクーラーのリモコン権は押さえられ、風呂に入る順番からビールの本数まですべて選択権を奪われる、という事態に……。

パートナーから責められることは大変苦痛です。これ以上責められないようにとすぐに顔色を窺《うかが》い、相手の思惑通りにその支配下に入ってしまうのです。

「ずっと一緒にいたい」のは、こんな人

日々の責め言葉は小さな針です。

一度や二度ならダメージはありませんが、それを毎日、何年も続けられると、大変なストレスとなります。夫が家に帰らなくなったり、妻に口を聞いてもらえなくなったりするのは、日々の責め言葉も一因かと思います。

そんな時に、よそで優しい異性に出会ったりするから不思議。

そうなると、事件の始まりです……。

しかし世の中には、怒っても相手にストレスを与えないタイプがいます。

それは**気持ちを素直に、率直に表現してくれる人**です。

たとえば、男性が女性の誕生日を勘違いして覚えていた時。

ほとんどの女性は不機嫌になるものですが、素直な表現をしてくれる女性は「来月は誕生日だったね」と、のん気な男が間違いを言い出しても**「えーっ！　忘れたの？　それは悲しい」**などと正直な気持ちを伝えることができるのです。

この中に責める言葉はなく、ただ「悲しい」という素直な気持ちがあるだけです。

「悲しい・辛い・イヤ」という素直な気持ちを伝えられた人は深く反省し、相手を傷つけたことを逆に後悔します。

そして自分を責めることなく、素直な気持ちを伝えてくれる人に安心感を持ち、「ずっと一緒にいたい」「また会いたい」と思うようになるのです。

✓相手を責める前に、自分を見つめ直そう

42 人は誰でも「自分のことを気にかけてほしい」。だから――

ある男性が、ジムでトレーナーの女性に「あれ、○○さん、最近キレイになったんじゃないですか?」と聞くと、「そんなことないですよ。ただ、来年結婚することになったんです」と嬉しそうに答えてくれたそうです。

その後でエクササイズを一通りこなしていると、別の女性トレーナーが近寄ってきて「私には、キレイになったって言ってくれないんですか?」とニヤニヤしながら言ってきたそうです……。

どうやら控え室にも、二人のやり取りが聞こえていたようです。

もちろん彼女は半分冗談のつもりだったようですが、それが受付の女性や事務の女性たちにも伝わり、「私も言われたことがない」と彼はさんざん責められたとのこと。

「血祭りにあげられました……」と、彼は疲れた表情で教えてくれました。

そもそも彼も、彼女たちからほめられたことは一度もないというのに、おかしなものです。

女性たちはきっと「冗談ですよ」と言うはずです。

でも、男性の「あれ、○○さん、最近キレイになったんじゃないですか？」という言葉が聞こえてきた時に、彼女たちの心の奥に、「男を責めるチャンス」という思いがよぎったことは間違いないでしょう。

責める快感を知ってしまった人は、好機と見ればこんな行動を取るものなのです。

あなたの中にも、こんな小悪魔はいませんか。

変化やこだわりに気づいて、言葉にする

もしかしたら、「一人の女性だけをほめたのがいけなかった」という解釈もあるかもしれません。

男性であれ女性であれ、人は自分のことを一番気にかけてほしいようです。

私も、ある美容室の新人の女性に「私がパーマをかけたことを、野口さんは気づかなかった」と責められたことがあります。

まさに青天の霹靂《へきれき》、突然の有罪判決。あらぬ罪を生み出し、異性を責める才能に長けた人だと思いました。

もし、自分の存在を気にかけてほしいのなら、まずは**自分が相手の変化やこだわりに気づいて言葉にする**ことから始めてはいかがでしょうか。

「季節の変化に合わせてネクタイを選んでいるのですね」

「小物の使い方が上手ですよね」

なんて言ってもらえたら相手も嬉しいですし、そう言ってくれる人のことを気にかけるようになります。

✓自分から積極的にほめていく

43

「察してほしい」をやめて、言葉で説明を

「私が不機嫌な理由？　そんなこと言わなくてもわかるでしょう。私を愛していないの？」

という不可解なお言葉を女性から聞くことがあります。

「愛しているなら、私の気持ちを察することができるはずだ」というのが女性の言い分ですが、これは、男性が戸惑う女性の思い込みです。女性は他人の気持ちを察する技術に長けているので、男性も同じことができるはずだと信じて疑わないようなのです。

男性は、他人の気持ちを察するのが苦手な人が多いようです。家に帰ったら妻が不機嫌だ、デート中に彼女が突然不機嫌になった、などという事態に出くわすと、どう

していいのかわからなくなります。

「あれが悪かったのだろうか」「あの一言で気を悪くしたのか」「もしかして、あれがバレたのか」などとあれこれ考えを巡らし、エネルギーを消耗します。これでは男性も疲れ果ててしまいます。

不機嫌というのは、女性がよく使う制裁手段。そこには「私が怒っている理由を察しなさい。それまでは許さないから」という意図が隠されているようですが、限度を超えた制裁をすれば、男性の心も移ってしまうかもしれません。

冷静になって、理路整然とリクエストしよう

なぜイヤなのか、どういう理由で怒ったのか、それをわかるように説明してくれる人は、相手にとって気がラクです。ストレスを感じません。

たとえば男性が「結婚したら、どうせ会社は辞めるんだろう」と言ったことにカチンときたとしたら、

「どうせという言葉が、私の仕事を低く見ているように感じるよ」
「結婚したら女性は仕事を辞めると決めつけているところが、女性を見下している感じがする」

と怒りを交えずに説明してもらえると、男性は対処法がわかるので、気持ちが落ち着きます。

また**「せっかくあなたのために髪型を変えたり、かわいい服を買ったりしているのに全然気づいてくれないと、私に関心がないのかと寂しくなるよ」**と説明してもらえると、男性は助かります。

「この人は、自分に関心を持ってもらえないと寂しくなるのだな」と彼女に対する理解が深まり、気をつけるべき点をマスターできるからです。

やがて男性も、気づきを言葉にするようになり、互いにとって一緒にいて楽しい人になれること間違いなしです。

✓「不機嫌な態度」で相手に制裁を加えない

44

会話に急ブレーキがかかる「そんなのまだマシ」

「連休に車で高速道路に乗ったら、京都から神戸まで四時間もかかっちゃった」

「そんなのまだマシだよ。オレなんかゴールデンウィークに高速に乗ったら、事故と渋滞が重なって、一晩車の中で過ごしたことがあるよ」

時々耳にする「そんなのまだマシだよ」という言葉。

誰もが何度も言われた経験があるはず。

この言葉がきっかけで、すぐにトラブルになることはないでしょうが、言われた側は、なんとなく引っかかりを感じる言葉ではありません。

このモヤモヤした感じは、おそらく話題の中心の座を奪われた憤《いきどお》りでしょうか。

自分を上回る話題を出されると、もう黙るしかありません。

奪った人は得意げで大満足。周りにいた人も、そっちに興味を引かれて注目を集めたりしたら、話を奪われた人は、この鬱憤《うっぷん》をどこに向けたらいいのかわかりません。

奪ったほうは、奪われた人の気持ちになど頓着《とんちゃく》しませんから、そんなことがあったことすら記憶に残りません。でも奪われた人は、いつまでも心にモヤモヤが残ります。

一度ぐらいなら大目に見ても、これが二度、三度と重なるようだと、確実にイヤな人のリスト入り。「そんなのまだマシだ」は禁句だと心得ましょう。

自分のほうが詳しくても、相手に話させる

あなたの父親が、ハワイにコンドミニアムを持っている。あなたは、ハワイに年に数回は行っている。そういう状況で職場の同僚が「ハワイに初めて行ってきた！」と喜んでいます。

さて、あなたはこんな時、自分がハワイ通であることを、嬉しそうに話してしまうほうですか？

「父がマウイ島にコンドミニアムを持っているのよ」とか「アラモアナにあるショッ

ピングセンターには行ってきた？」などと言ってしまう気持ちも、わからないではありません。

でも**自分の自己顕示欲を満たすより、周りをいい気分にさせること**に重きを置く人なら、ここが我慢のしどころ。ハワイ通の人の前で、初めてのハワイ話をするなんて、ふつうは気が引けてしまうからです。

「ハワイ！　いいなー」と言って、相手に十分話をさせてあげましょう。我慢のご褒美は、愛と親しみ。みんなから高い評価を受けるはずです。

周りを楽しくさせる人は、自分が注目を集めることよりも、そばにいる人が楽しくなることに心を砕いているものなのです。

知らないフリをして聞いてあげよう

45

「私ならしない」では動いてもらえない

「遅れるならどうして連絡をくれないの？」
「五分ぐらい、いいじゃない」
「私なら五分遅れる時でも必ず連絡するよ」
「それができなかったんだ」

相手を責める時に「私ならそんなことはしない」「私なら○○する」という言葉をよく使う人はご用心。

それは私の選択こそが正しく、あなたは間違っていると決めつける言葉だからです。

私ならメールの返事をすぐ返す、私ならお金がなければ節約する、私なら寝不足ぐらいで会社を休まない……と自分の考え、習慣、マナーを押しつけられると、言われたほうは、頭を押さえつけられたような感覚になって、付き合いに疲れを感じます。

深夜に電話をかけない、家を訪問する時は事前に了解を取るなど、すでに社会常識になっている事柄ならば、「私なら」という言葉など使わずに「社会常識ですよ」と言えばすむこと。

そうではない場合は、「自分の感覚」を「世の中のスタンダード」であるかのように、人に押しつけないことです。

人は育った環境で、考え方、価値観は違うもの。

このことを自覚できれば、人付き合いの幅が何倍も広がるでしょう。

「相手を尊重する」と人付き合いがラクになる

そうは言っても、五分遅れる時は連絡が欲しいし、寝不足ぐらいなら出勤してほしい。そう思うのは無理もありません。

そんな時、**人付き合いをラクにこなす人は、まず相手の考えや価値観を聞こうとします。**

「〇〇さんにとっては、五分は遅刻に入らないの？」

「〇〇さんは、寝不足になると動けないの？」

と聞かれれば、相手は、自分の感じ方や価値観について話ができます。遅刻の考え方は人によって様々で、仕事以外では遅れることに寛容な人は、いっぱいいます。

ましてや体調不良に関しては、基礎体力があまりなく、ちょっとしたことでも体が動かなくなる人は、実際に存在します。

相手の感じ方や価値観に耳を傾けることは、相手を尊重することにつながります。相手も喜んでくれるでしょう。

そしてその上で、相手に態度を変えてほしい場合は、お願いをすることです。

「遅れる時は、それがわずかでも、連絡をもらえると嬉しいんだけど」と頼まれたら、相手も気持ちよく、あなたの願いを聞いてくれるはずです。

✓相手の言い分を「ひとしきり聞く」ことが大切

46 ついロにしてしまう「どうして○○できないの？」

「どうしてゲームがやめられないかなあ」

「なんで貯金ができないの」

相手の態度や行動を間違いだと思う時、私たちは習慣的に「どうして？」「なんで？」という言葉を使いがちです。

この言葉には「あなたは間違っている」「どうして間違った行動を取ってしまうのか」「なんで正しい行動が取れないのか」といった、咎《とが》める気持ちが込められています。

たとえ自分が間違っていると思っていても、こんな上から目線の言葉を投げかけられて、素直に「今日から改心します」と態度を改める人など、滅多にいないでしょう。

言われた人は、つい投げやりで挑戦的な態度になりがちです。

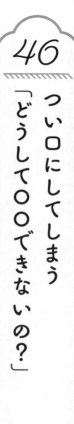

「どうしてゲームがやめられないかなあ」と言われたら「オレの勝手だろ」と言いそうですし、「なんで貯金ができないの」という言葉に対しては「貯金なんていらないんだよ」と吐き捨てる人もいるでしょう。

部下や後輩に「どうして、そんな報告書しか書けないかなあ」とか、子供に「なんで片づけができないかなあ」とかつい言ってしまう人は、相手が受け入れやすい言葉を学ぶ必要がありそうです。

「どうして？」の代わりに「ワケがあるんだね？」

「どうして？」という言葉には、相手を咎める気持ちが含まれているので、相手の心を開くことはできません。

反対に**「ワケがあるんだろうね」**という言葉は、相手に寄り添い、理解を示す言葉です。

「ゲームをやめられないワケがあるんだろうね」

「貯金が難しいワケがあるんでしょうね」

と言われた人の身になれば、気分がまったく違うことに気づけるでしょう。

この時に大事なのが、**「あなたの気持ちや考えを聞かせて」という気持ちで言うこと**です。

たとえ言葉は「できないワケがあるんだね」であったとしても、その中に責める気持ちが含まれていたら、相手の心は閉じてしまいます。

早く相手を変えたい、自分の理想を押しつけたいという気持ちが伝われば、元の木《もく》阿《あ》弥《み》となるでしょう。

人を無理に変えることはできないのです。

言うことを聞かないお子さんや、やる気のない部下をお持ちなら、「できないワケがあるんだろうな」という前提で、粘り強く話を聞いてみてください。

変わらないように見える人も、長い目で見れば、少しずつ変化を見せてくれるはずです。

✓いつでも「相手の心に寄り添う」気持ちで

47

不満があれば、その場で解決

自ら被害者を装い、相手に罪悪感を与えて落ち込ませ、自分のコントロール下に置こうとする——。

これは立場や力の弱い人がよく使う策略で、**「被害者の戦略」**と呼ばれます。

もしパートナーが、自分の誕生日を忘れている気配がしたら、誕生日が過ぎるまで黙っている。

そしてその後で「誕生日だったんだけど」と告げる。

相手は、もう取り返しがつかない。

相手の罪が確定したわけです。

すると後から切り出したほうは、永遠に相手を責めることができ、支配下に置ける。

これが被害者の戦略です。背筋が凍りますね。

小さな話で言いますと、一緒に行った居酒屋で食事が終わり、一方が「帰ろうか」と切り出し、二人で店を出た後で「〇〇も食べたかった」とぽつりと漏らすのも「被害者の戦略」の一つ。

自分の気持ちも聞かずにさっさと店を出た相手に、罪を着せようという心理です。

こんな責め方を長い間受けると、やがて相手は疲れ、その人から離れていく結果になります。

責める代わりに「甘える」作戦

被害者の戦略を使い、パートナーを責める人に、幸せは訪れません。

相手は大きなストレスを受けますから、防御のために口数を減らします。

ですから、自分がこの戦略を使っている意識があるなら、今日を最後に、この悪意に満ちた行動をやめることです。

そのために、素直な自己主張を目指してみましょう。

今まで「ここで黙っていれば、相手に罪を着せることができる」と思っていたタイミングで、自分の思いをしっかり言葉にして伝えます。

たとえば、居酒屋で気の利かない彼が、あなたの気持ちも聞かずに「帰ろうか」と言ったら、「ちょっと待って」と言い、

「○○も食べたい」

と伝えてみます。

もしあなたが女性で、買い物の帰りに重い荷物を持っていることに、彼が気づかなかったら、

「重いから持ってー」

と甘えるのもいいでしょう。

素直に自己主張すれば、人は意外なほど簡単に動いてくれるものです。

わざわざ相手に罪を背負わせ、責める必要はないのです。

☑不満は「言葉に出して」こまめに解消

48 相手の落ち度には「あえて鈍感なフリ」

「○○さんのリュックに、なんと消臭剤が入ってたんだよ。そこまで匂いを気にするもんかねぇ」

「えっ！　中を覗《のぞ》いたんですか」

何気ない会話の最中でも、相手の小さな落ち度を探している人と話すと疲れます。

この時の話し手は「覗いたんじゃなくて、リュックが落ちて中身が出てきたの！」と怒り交じりの声で弁明していました。

人を責めることは、快感なのでしょう。

相手がひるみ、自分が優位に立つ。まるで、相手を支配しているかのような錯覚を持ってしまいます。

だから法律はおろか、倫理観、マナー、ルール、最近生まれた常識まで持ち出してきては、相手の落ち度を探ります。

何か落ち度はないかと言葉尻まで注意を払い、少しでも責める突破口が見つかれば、この人のセンサーがサイレンを鳴らします。

最後は、言い方や表情にまで捜査範囲を広げ、「なんだか言い方がいやらしい」「顔がウソっぽい」と、ほとんど言いがかりとしか思えない責め方もします。

このタイプの人からは、誰もが逃げ出したくなるのは仕方がありません。

一度肯定するだけで、あなたも周囲も変わる

人を責めれば、疲れるのは自分です。

責める言葉や態度は相手に向かいますが、使った感情は自分自身の内部で暴れ出し、自分を攻撃します。

感情は、自分自身への贈り物なのです。

もし相手を責める自分を発見し、それをなだめて責めないようにできたら、あなた

の心に平穏がやってくるでしょう。

まずは、**自分が人を責めることで手にしようとしているものを、冷静に見つめること**です。

それは相手を落ち込ませ、支配することなのか。自分に注目させることなのか。人より優位に立つ喜びなのか。よく考えてみることです。

また、どんな時に、人を責める衝動が起きるのかを見つめることも大事です。

性別、年代、立場、恋愛感情の有無など特徴が見つかれば、自分の行動を制御できます。

たとえば相手の落ち度を探り、責めようとする自分がいるのなら、「えっ、リュックの中を覗いたの?」と口走る前に自分を押しとどめ、**「そうなんだ」**と当たり前の返事をします。たったそれだけで、穏やかな人間関係を築くことができるでしょう。

そしてあなたは、大きな成長を遂げているはずです。

✓「責めたい気持ち」を見送ると成長できる

49 ハラスメントを気持ちよく解決する方法

セクハラ、パワハラ、モラハラと、ハラスメントの種類が増えて会社は大変です。もともと、弱い立場の人を守るために生まれた考えですが、これを責める人が見逃すはずがありません。

社会的お墨つきを頂いたこの言葉を、黄門様《こうもん》の印籠《いんろう》代わりに、オフィスをのし歩く人もいるのだとか。一緒に働く人は本当に疲れます。

「おっ、山田さん、髪を切ったの？　いいじゃない」という声を聞けば、すっ飛んできて「それはセクハラです」と糾弾《きゅうだん》する。言われた山田さんは喜んでいるにもかかわらず、罪だと迫る。これは、あきらかに人を責めるためにセクハラを利用しています。

「田中くん、トイレは始業前に行っておくように」と注意すると、「先輩、それってモラハラ」と言い返す。これは、ただの自己正当化です。

「企画の提出期限は昨日だったね。できていない理由を聞かせてくれ」と注意すると、「課長、パワハラです」と言い返す。これは出来の悪い我が身を守るためです。

本来、弱者を守るために作られたルールを、人を責めるために、また自己正当化のために使ってはなりません。

意識的に他人にイヤな思いをさせてしまう人は、周りから煙たがられて、やがて居場所を失う結果になるのです。

波風が立たない言い方を身につける

本物のハラスメントには、厳しく対応すべきです。

しかし、今は言葉が独り歩きして、まさに黄門様の印籠のごとく「ハラスメントでござるぞ。一同控えよ、頭が高い」というような使い方をされるので、周りにいる人たちは疲れます。

そばにいて楽しい人は、ボキャブラリーの豊富な人と言えるでしょう。

たとえば、酒の席で「○○さん、彼氏は？」とボーダーラインの質問をされた時に、

「それは、私にはタブーな質問ですよ」

と言ってくれる女性は、周りをホッとさせます。

「セクハラですよ！」と言いきれば、それは断罪の言葉になります。言われたほうは刑の宣告を突きつけられたようなものですから、気をつけないと反撃してくるかもしれません。

上司が「何度同じことを言わせるんだ！」ときつい感じで言葉を発したら、

「課長、少し怖いです」

と言うだけで、上司もパワハラという言葉が脳裏をよぎるはず。

ハラスメントという言葉を使えば、相手を逆上させることもあります。それは「ここぞ」という時に、初めて使う言葉です。相手の気づきを促すような穏便な言葉を豊富に持つことは、自分の身を守ることにもなるのです。

相手を悪者にしては、かえって損

50 相手の失敗は、気分よく取り戻させてあげる

二人の記念日を祝おうと、彼女が彼氏を誘いました。張りきって高級なお店に行くと「あいにく本日は満席でございます」と言われてしまいました。

彼は、そこで当たり前の疑問を抱きます。「こんないい店に行くというのに、予約してなかったの!?」と。

別のカップルは二人でドライブデート。ナビの調子は悪いけれど、彼が一度行ったことがあるというルートだったので、彼女は安心して助手席に。

途中で道が二股に分かれ、彼の判断で右に曲がるも、実は左が正解。おかげで、楽しみにしていたレストランでのランチに間に合いそうにない。彼女はそこでふとつぶやきます。「私は左だと思った」。

これらはよくある場面ですが、実は、失敗した人のほうが傷つくシーンでもあります。というのも、判断力や先を見通す力など、社会人として当然持っているべき能力の欠如が露見《ろけん》するためです。

こんな時に不機嫌な気持ちが顔に出てしまう人は、相手の愛情を長く受けることができません。

ため息や舌打ちなどは、もってのほか。相手が「あ！　マヨネーズ忘れちゃった」と言った時、きつい視線を浴びせて「チェッ」と舌打ちをしたり、「はぁー」とため息をつくことは禁物なのです。

笑ってミスを許せる人になろう

異性に一番愛される人は、飛びきりの美男美女でも、ずば抜けて仕事ができる人でもありません。

平凡だけど、笑って自分のミスを許してくれる人こそが、異性が心の奥で求めている人なのです。

先ほどの、高級なお店を予約していなかった女性に対して愛情があるのなら、その場面で**「もっとふつうのお店でいいよ。〇〇子と一緒だったら、どんな店でも美味しいよ」**などと言ってくれる男性は、女性を心から癒やし、気をラクにしてくれます。

難しくないペナルティーを科《か》すのがコツ。「ああ、そんなことで許してくれるのか」と、相手は肩の荷を下ろすことができます。

道を間違えた相手には、**「このミスはディナーで取り返してもらおっと。三ツ星のレストランね」**などと言っておけば、二つ返事でOKでしょう。

相手がOKしたら「やった！」「わーい！」なんて喜んで見せれば最高。男性は許された喜びで、女性を深く愛するはず。

こんな人と一緒なら、一生楽しく過ごせます。

相手のミスを許せる人がもっと増えれば、世界は平和になるでしょう。

☑ 上手に許せば、もっと絆が深まる

6

章

「わかりやすい説明」すぐできるコツ

――「まとまらない……」「伝わらない……」も一変！

51 説明中に「話が迷子」にならないコツ

その日、私は保険の見直しをするために、ある窓口を訪れていました。

「私にはどんな保険が合いますでしょうか。死亡保険より、入院や所得補償に重きを置いたものが希望なんです」と聞いてみました。

すると「保険には三つの保険というものがございます。まず定期保険……」と話が始まって、気がつくともう三十分も経っています。

「で、どの保険がいいのですか?」と再度聞き直すと、「養老保険ではないようですね。理由は……」と、また話がズレていきます。

入る気マンマンで行った保険の相談所でしたが、結局契約はせずに、別の保険会社で契約しました。

説明が下手、と言われている人は、ゴールを持たずに話をする傾向があります。

聞き手を最終的にどこに連れていきたいのか、自分でもわからずに話をしているのです。

話をしながらゴールを模索している感じですね。そして自分自身がゴールを見失って、聞き手とともに〝説明の海〟で遭難する。

聞き手としては、心底疲れます。

聞き手が欲しい答えを中心に話そう

「野口さんには、三大疾病《しっぺい》にかかった時に、まとまったお金が入るこの保険がお勧めです」

こう言ってくれたのは、知り合いの保険外交員。

前の窓口では一時間ほどかけても聞けなかった答えが、その人からは一分で手に入りました。

「はい、ではそれでお願いします」と契約まで数分。

説明上手は、説明に入る前に「聞き手が一番欲しい言葉」を具体的に見つけます。

そして、その言葉を結論にして話を始めるのです。

聞き手は、一番欲しい言葉がまず手に入ったので、その後の話もスムーズに聞けます。いえ、後の話は聞かなくてもいいぐらいです。

説明が下手な人も、聞き手が欲しい言葉がおぼろげに浮かんではいます。でも、その言葉から入る前に「まずは理由から入ろうか」「それとも状況説明から入ろうか」と迷っているうちに、自分がどこにいるのかが見えなくなってしまうのです。

説明が苦手な人は、説明に入る前に**「この人が一番欲しい言葉は〇〇」**と自分に言い聞かせてから話を始めると、わかりやすい説明ができるようになります。

ゴールを決めてから話し始めると迷わない

52

質問に「一言で答える」練習

明日は楽しみにしていた夏ゴルフ。私はこの日に備えて買ってあった、熱中症予防になる成分入りの麦茶をカバンに入れようと、冷蔵庫を開けました。が、二本入れたはずが一本しかない。

「麦茶、知らない？」と妻に聞くと、次の答えが返ってきました。

「え、もう一本あるよ」

「もう一本あるのは見てわかる。二本あるうちの、残りの一本はどこだ！」という心の声を押し殺し、「一本飲んだ？」と聞くと「うん」という答え。

また、ある男性は、奥さんがコンサートに行くというので「今日は何時頃、帰ってくる？」と聞くと、「今日はえっちゃんと行くから」という返事。

「えっちゃんと行くと何時になるのだ！」とは聞けず、「ふーん」と聞き流したと教えてくれました。

質問の答えが返ってこないタイプの人は、質問されると、頭の中でストーリーが様々に交錯《こうさく》し、その中で一番言いたいことを言葉にしてしまうようです。

たぶん「えっちゃんと久しぶりに会うから、帰りは遅くなって○時頃になる」と答えたかったのでしょう。

しかし、答えを考えているうちに質問は忘れ去られて、強く印象に残っている部分だけを答えることになったのです。

言い訳や逃げ言葉をやめる

質問に答えていないという自覚のある人は、質問をよく聞くことです。

質問されたら相手が求めている答えをしっかりイメージし、答えから話し始める。

これに尽きます。

言い訳や逃げ言葉をはじめに頭の中に思い浮かべるから、おかしな答えになることを肝に銘じてください。

「今日は何時になるの？」と聞かれたら、まず「○時頃になる」という答えを頭の中に浮かべます。

「この人が聞きたいのはこれだ」とはっきりイメージしてから、その理由や状況説明も頭の中で整理します。

そして**「○時頃だと思うよ」**と結論を言葉にします。

それから理由を付け加えれば、シンプルな話になって聞き手も納得します。

シンプルに答えるようにすれば、相手から「最近、答え方がうまくなったね」と言われるようになります。

まずは、答えを頭の中に浮かべることを意識してみてください。

質問には「結論ファースト」で

53 話がかみ合わない時は、相手の意図に注目

A「最近の老人ホームって、親切で行き届いていますね」
B「老人ホームは競争が激しいのよ。ヘルパーさんは腰を悪くするし」
A「うちの母も、もっと早く入所させればよかったと思っているんですよ」
B「うちの娘には、年を取ってからも働き口のある仕事を選ぶように言っていたから安心だわ。看護師やっているのよ」

AさんとBさん、会話がかみ合っていませんね。そして、多くの人が似たような経験を持っているはず。

人は誰でも、一定の意図を持って話をします。

多くの人はその意図を感じ取り、話を進めるものです。

それができないということは、まさに相手という存在を無視して話をしていると言わざるをえません。

冒頭の会話では、Aさんは老人ホームのサービスに驚いている様子。

本当は「いいホームが見つかって、お母さんも喜んでいらっしゃるでしょう」などと言ってほしかったはずです。

なのに、Bさんはそこを無視して、娘自慢を展開。

これでは、Aさんは話す意欲を失います。

そして何より「Bさんとは距離を置こう」と思っていることでしょう。

「そうなの？」「へー」で核心を探ろう

頭がいい人でも、相手の意図をすべて感じ取れるわけではありません。
そんな時、彼らは余計な言葉を使わずに、相手にもっと話してもらおうとします。
A「最近の老人ホームって、親切で行き届いていますね」
C**「あら、そうなの」**

Ａ「ええ、うちの母も、もっと早く入所させればよかったと思っているんですよ」
Ｃ**「いいホームが見つかってよかったですね」**
Ａ「ええ、ずっと迷っていたんですけど、思いきって入所してもらって、母も喜んでいるんです」

「どこの老人ホーム？」などとすぐに質問しないのも、賢い人の特徴です。話の展開が見えないうちは、質問で話の流れを変えてはいけません。

相手が話をしたい部分をまずは見極める。

それがわかるまでは「そうなの？」とか「へー」などと言って、話し手の意図を探ります。

意図がわかってからなら、質問も自分の話をしてもＯＫです。

相手も、自分の意図を理解してくれた人には「頭がいいな」と感じて、親しみを持つでしょう。

相手が「話したい部分」を見極める

54

「カタカナ語」を乱用しすぎない

まだ年端《としは》のいかない子供に、「それな」（私もそう思う）、「ぴえん」（悲しい）など、こちらがあまり知らない言葉を使われても、たいていの人は「まあ、仕方ないか」と思ってくれるでしょう。

でも、いい大人に、こちらの知らない言葉をさも常識のように使われたら、相手への信用は消失します。

大きな会社の人ほど、社内用語を標準語と混同していることが意外と多いようです。

「野口さんの今回の本、センターピンはどこですか？」と聞かれて、思わず「ん？」と聞き返したことがあります。

そのビジネスパーソンの勤務先では、最も重要なポイントをセンターピンと呼んでいるとのこと。知るわけないですよね。

「私たちと御社のビジョンがシンクロしてまして」と言われたこともあります。

方向性が合うことを、その会社では「シンクロしている」と呼ぶそうです。

社内用語を平気で使う人は、その言葉が一般的に通用すると思っているようです。

有能な人ほど、こんな言葉遣いをする人間の、底の浅さを見抜いてしまいます。カッコつけようとしないで、相手に通じる言葉遣いを意識することが、ビジネス成功への王道です。

ヘンな英語を使うと「底の浅さ」があらわになる

説明下手な人ほど多用するのがヘンな英語です。

最近は、この傾向にますます拍車がかかっているように感じます。

「私、大きな会社と取引する時はヘンなバイアスがかかってまして、どうしても意識してしまいます」という言葉の使い方をよく耳にします。

その言葉の意味が正しく伝わる相手ならよいですが、社会はそういった人たちばかりではありません。

できれば、一部の人や業界だけで話されている言葉は使わずに、**「おかしな先入観を持っていまして」**と、誰にでもわかるような日本語で表現したほうがよいでしょう。

「レバレッジを効かせて、ビジネスにスピードをつけてはいかがですか？」

これもなんだかカッコいい使い方ですが、

「小さなお金を証拠金にして、その何十倍もの投資をしてみませんか？」

と言うだけで、年齢や職業に関係なく、誰にでも伝わると思いませんか。

「ソリューション」は「解決」で、「リスペクト」は「尊敬」でよいのではないでしょうか。

英語で言うと賢そうに見えるから、こんな言葉が流行るのかもしれません。

でも、本物のビジネスリーダーで、英語を話せるビジネスパーソンほど、しっかりとした日本語で伝えます。それは自分を賢く見せる必要がないからです。

ヘンな英語は、知性の底の浅さをあらわにします。お気をつけください。

✓誰にでもわかる日本語で伝える

55

「NO」が言えると、人間関係はもっと楽しい

人付き合いに必要以上の不安を感じる人というのは、ピンチになった時の対応に難があるからかもしれません。

たとえば、親しくなった後に「実はお金を貸してほしい」とか、まだ距離も縮まっていないのに「一度、部屋を見せてよ」などと言われた時のことを、心配しているようなのです。

つまり、親しくなった相手に「NO」と言うことに抵抗があるのでしょう。

話し方教室に行って講師が怪しげな人だったら、「やはり気が変わりました」と言って帰ればいいだけの話です。

まだ付き合ってもいない異性に「部屋を見せて」と言われたら、「ごめんなさい。

できません」ときっぱり伝えればいいのです。

ピンチと言っても、まだまだ取るべき手段が残されているのなら、本当のピンチではありません。

NOと言う力は、スキーやスノーボードで言えば、ブレーキ役です。止まれると信じているから、少々危なっかしいコースにもチャレンジできます。

人間関係も「おかしいな」と感じた時に、その人との関係を断ちきればいいのです。

断るのにいちいち理由はいらない

NOと言えない人は「断るには理由がいる」と思っています。うまい理由が見つからない限りNOと言えないとしたら、人間関係はややこしいでしょう。

でも、単なる他人同士の間柄では、NOと言うのに、いちいち理由はいりません。

「いい投資の話があるんです。絶対に儲かりますよ」と言われたら、「投資はしません」と言えば、話は終わりです。しつこければ「お帰りください」と告げればいいだけです。

「自分の知り合いが集まってバーベキュー大会をするんです。よければご一緒に」と誘われて気が進まなければ、**「せっかくのお話ですが、今回は遠慮しておきます」**とだけ伝えればおしまい。

NOと言えない人は、ショップにすら気軽に入れません。

お店の人につかまって、無理やり話を進められたら断れないと思い違いをしているからです。

そんな時も**「グッとこなかった」**の一言でおしまい。お店の人から悪く思われることはありません。

あなたの意思を伝えれば、話は終わります。

「どうして?」などと聞かれたら**「気が進まない」**でOK。なぜなら、あなたには、したいことをして、気が進まないことをしない権利があるからです。

もっと気軽に人との関係を楽しみましょう。

✔ あなたには「気が進まないことをしない」権利がある

56 優柔不断で周囲をイラつかせない

優柔不断な人といると疲れます。

たとえばレストランで、ほかの人たちはすでに注文が決まっているのに、一人メニューとにらめっこ。「あれにしようかな」「あ、こっちもいいかな」と迷ってばかりでなかなか決断を下せません。

また、友人同士で旅行の計画を立てる時でも、「行く」「行かない」をくり返し、結局ドタキャンで、幹事は大迷惑という経験をされた方も多いでしょう。優柔不断な人と付き合うと、時間が無駄になることが多くて疲れます。

優柔不断な人はたくさん考えていそうで、実は何も考えていないのです。

頭の中を巡っているのは「どうしよう」という迷いばかりで、肝心の「どれを選ぼうか」という考えは、ほとんどありません。

仮にあったとしても「これを選べばこういうマイナスがある」といったあら探しばかりで、最善のゴールを目指して考えを巡らせることはありません。

優柔不断な人は、決断できずに問題を先送りしがちなので、成功も失敗もしません。するとと何の経験も積めず、成長もできないという寂しい結果になってしまうのです。

まず「ベスト3」に絞ってみる

優柔不断から卒業するためには、選択のプロセスを身につけることです。

優柔不断の人の思考を覗いてみましょう。

たとえば、ファミリーレストランでメニューを決める時。

「ハンバーグもいいし、トンカツ定食も美味しそう。パスタにはコーヒーがセットになっているのか。でもダイエットには和食がいいよね」と考えつつ、「桃のパフェってどんなのだろう」と、考えなくてもいい要素まで取り入れて迷子になっています。

目に入るものすべてが選択肢なのでしょう。これでは決まらないはずです。

そこで、まずメニューの中でベスト3を決めます。

一つには絞れなくても、三つなら挙げられるもの。洋食から一つ、和食から一つ、別のジャンルから一つというように、各ジャンルから一つを選ぶ感覚です。

次に、そのベスト3を選んだ理由を明確にします。

「晩ご飯が遅くなりそうなのでガッツリとしたものを」

「一番安いから」

「ダイエットにいいから」

という具合です。

そしてその理由を自分の胸に言い聞かせて、**一番ときめくものを選ぶ**ようにしてみましょう。

一度決めたら、選択しなかったものを振り返らないこと。どれも魅力があるから迷うので、振り返れば後悔が始まります。一度お試しを。

☑「選択のプロセス」を身につけてグズ病を卒業

57
「ネガティブな話」をうまく受け止めるには

Ａ「うちの家内は料理に興味がなくてね、いつもご飯におかずは二品なんですよ」
Ｂ「奥さんは、ご主人の体を考えているからじゃないですか？」
Ａ「へー、揚げ物ばかりなのに？」
こんなおかしなフォロー癖のある人、いますよね。
Ａ「私の彼はケチで、ご飯を食べても絶対に割り勘なんですよ」
Ｂ「それは、きっとあなたとの将来を考えて貯金しているんじゃないの」
Ａ「なんでそんなことがわかるの！　絶対に違うから。そもそも、ケチとは結婚したくありませんし！」
Ｂは、相手がついそう思ってしまうような無駄なフォローです。こんな妙なフォローをしていたら、次からは、もう会ってもらえないかもしれません。

つい、おかしなフォローをしてしまう人は、他人の悪口やネガティブな話を受け止めるのが苦手。「それは奥さん、もうちょっと頑張ってほしいね」とか「ケチな男はイヤだよね」と言えない人なのです。

ところが、人間は、心にたまったイヤな気持ちを吐き出すことで、ストレスを発散させています。それが心の安定を図る知恵なのです。

「おかずが二品だなんて、かわいそうですね」とか**「女性としては、いつも割り勘はイヤだよね」**と言ってあげたら、**相手は存分に思いを吐き出すことができ、気持ちがラクになる**でしょう。

人のマイナス感情を許せるようになろう

おかしなフォローをする人には、もう一つ動機があります。

それは、もっともらしいことを言って相手を黙らせ、相手より優位に立つことです。

もし、心の奥にこうしたよこしまな動機が隠れていたら、すぐさまこの気持ちを追い出すことです。

これをやると、相手は二度と会ってくれません。

もしあなたが、人の悪口を受け入れがたくて、無理やりフォローをしているのであれば、**「悪口はいけない」というこだわりを捨てる**ことです。

他人を傷つけること、誰かを貶《おとし》めることはいけません。

でも、心にたまって重荷になったストレスを発散させるために、たまっている気持ちを言葉にすることは自然なことです。

それは悪口ではないということを、自分に言い聞かせてください。

まずは自分自身が殻を破って、我慢していることを言葉にしてみましょう。

「うちの旦那は、私が一キロやせたことになぜ気づかないい」って。

単なる「ガス抜き発言」に目くじらを立てない

58 「私をわかって！」が相手を疲れさせる

「うちの子の行っている塾は、有名ではないんだけど、いい先生がいて、成績が伸びているのよ。うちの子があんなにやる気になるなんて、びっくりしているの」

「あら、やっぱり家庭教師のほうが成績上がるわよ。うちの子の先生は国立大学の理学部の人だから。はじめはね……」


と、この人は見事に人の話を横取りしてしまいましたね。

会話の口火《くちび》を切った人は、お子さんの成績が伸びたことを、もう少し聞いてほしかったはずです。

残念なことにこのタイプの人は、自分が他人の話を横取りしていることに気づいていません。

別の人が横取りした時は「あの人いやね、自分の話ばかりして」と非難したりするのですが、まさか自分が加害者だとは思いもつかない様子です。

この人を突き動かしているのは、強烈な自己顕示欲です。「私をわかってほしい」という強い思いと、「私のことは誰もわかってくれない」という満たされない思いが渦巻いていて、チャンスがあれば「私はね」と他人の話を奪ってしまいます。

つい「話を横取り」してしまったら

話を奪う人にできるアドバイスは、相手の顔をよく見て話すこと。

相手の表情が曇ったら、「話を盗ったかな」と数十秒前の会話を思い出してみましょう。

話の横取りは、誰でもついやってしまうことです。

「この間行った板橋のお店はよかったよ。宮城の塩竈《しおがま》市で水揚げされた直送の魚を食べさせてくれるんだけど、どれも新鮮でうまくって。家内に話したら、連れていけってうるさくてね」

「ああ、知ってる。駅裏にある大きな看板の店。あの通りに寿司屋があるでしょう。あの店はもう三十年ぐらい続いていて、私は学生の頃から通ってましたよ」

さて、ここでハタと横取りに運よく気づいたら、

「おっと、あなたの話を横取りしてしまったようで、本当にごめんなさい。奥さんがどうしたんでしたっけ？」

と、**主役の座を返してあげれば、相手は喜んでくれます。**

「気の利く人だなあ、いい人なんだ」と思ってくれるでしょう。

もし複数で会話をしている時に、あなた以外の人が話を横取りされたら、横取りした人がひとしきり話した後で、あなたが、

「さっきは話の途中だったんじゃない？　確か、○○の話だったよね」

と振ってあげれば、横取りされた人も、もう一度話ができそうです。

会話は、みんなが話せるように、気を使い合いながら前に進めると、楽しい話になって、そこにいるすべての人がいい気分で帰れるはずです。

すぐに話を返せば、かえって感謝される

59 自分のことを上手に「開示」するために

「お宅はどちらなんですか？」

「はい、都内です」

都内は広いですよね。この答え方では「キミとは話したくない」と宣言しているのと同じではないでしょうか。

「お仕事は？」

「技術職です」

技術職だけでは、何の仕事をしているか、さっぱりわかりません。「なるほど、これ以上聞くなということですね」と、相手はそれ以上のコミュニケーションを取る気を失ってしまいます。

世を挙げて個人情報秘匿《ひとく》ブームのようで、自分の情報を出したがらない人が増えています。

個人情報が他人に知れたら、とんでもない災厄がやってくるかのような不安を持つ人が多いみたいですね。でも、それでは人との距離が遠く離れたままです。

結局、今私たちに突きつけられているのは、小さなリスクを恐れずに様々な人々と仲良くなるか、リスクを避けて他人との接触を極力遠ざけ、わずかな知り合いと接するだけのこぢんまりとした人生にするのか、二つに一つの選択なのです。

「感じたこと」をオープンに話す清々しさ

自分をオープンにする。

開示するのは、住まいや仕事などの個人情報だけとは限りません。

あなたの感じ方こそ、オープンにすべき大事なテーマです。

「私は真夏に冷蔵庫の扉をちょっと開けて、冷気を感じるのがたまらなく好きなの」

「オレはエレベーターの扉を目の前で閉められた時、とっても悲しい」

こうして、自分の感じ方をあけすけに言えるようになった時、あなたの周りには正直で素直な人たちが集まってきます。

「私はこんな人です」と宣言できるようになれば、「私もそうです」「私はこんな感じ方をします」と教えてくれる人がやってきます。

たぶんそれは、今までのあなたの知り合いとは、まったく違う種類の人々です。その人たちとは気持ちが通じ合い、一緒にいると喜びがあふれてくるでしょう。

その時、あなたは自分が実体のないものに恐れを抱き、大切なものを遠ざけてきたことに気づくでしょう。

そして、人に心を開くことの大切さを思い出すはずです。

☑「小さなリスク」を恐れず人に心を開いていこう

7章

同じことも、「言い方」を変えるだけで……

——受け止められ方は大違い！

60 いろいろな「〜すべき」を捨ててみる

「子供は親を大切にしなければならない」

「夫婦は離れて暮らしてはならない」

「男たるもの、女を守らなくてはならない」

「〜でなくてはならない」に始終こだわり続け、それを他人に強く主張する人がいます。


しかし、人生にはいろいろな状況があり、難局があります。


たとえば親の介護。

認知症を発症した親の面倒を見かねて、介護施設に預けようとすると、親戚の中に

「世話になった親を他人に任せるのか！」と難癖《なんくせ》をつけてくる人間がいたりするものです。

「子は最後まで親の面倒を見るものだ」なんて言われると、気の弱い人は、それを受け止めてしまうことが多い。

すると、背負わなくていい苦労が始まります。

また「人間、三十歳を過ぎたら身を固めるものだ」と未婚の子供を責める親も同じ。結婚は相手があって初めて成り立つもの。個人の努力には限界があります。

「人は～であるべき」という言葉で、他人を責め、縛ろうとすれば、そこに必ず苦しみが生まれます。

そんな人がそばにいたら、人生が辛くなってしまいます。

「難しいものかい？」で心の通路を確保

できることなら介護もしてあげたい。

結婚だって、いい人がいたら早くしたい……。

でも、タイミングや様々な事情があり、うまくいかないケースもあります。そんな時に「〜であるべき」を押しつけず、こちら側に立って話を聞いてくれる人には頭が下がります。

「お父さんの介護、家では難しいものかい？」と聞いてもらえたら、親孝行したい気持ち、どうしても介護施設に預けなければならない事情、親を人に任せる罪悪感などの話が、ポロポロとこぼれてくるでしょう。

こうして事情を聞けば、「それは仕方がないね」と納得することが多いもの。

「結婚って難しいものかい？」と親が心配顔で聞けば、親の手前恥ずかしいからあれやこれやとは話ができなくても、ムッとして音信不通になることは避けられます。コミュニケーションさえ取れていれば、どこかで本心を話してくれるかもしれません。

進学校に入ってエリートコースを歩んでいた我が子が、突然の登校拒否に陥った父親がいました。

ほとんど部屋にこもりきりの息子に、父親が、

「学校に行くのは難しいものかい？」

と聞くことで、問題は一気に解決の方向へ向かったそうです。

後日、成人した息子さんは「父に感謝しています」と私に話してくれました。

相手も、聞いてほしい事情が山ほどあるはず

61

「正論」が正しいとは限らない

大阪の駅のエスカレーターの左側を、歩いて昇る人がいました。

たまたま左側に立っている人に「すみませんが、急ぎますので空けて頂けませんか」と頼んだところ、その人は「エスカレーターは歩いて昇ってはいけないんですよ」と拒みました。

昇ってきた人はムッとして、拒んだ彼に対して「おまえ、友達おらんやろう！」と関西弁でまくしたてていました。

確かにエスカレーター上では歩かないでくださいと、電鉄会社は注意喚起していま す。それが正論。まったく正しいのです。

しかし、拒んだ人はそれを材料に人を咎め、臨機応変な態度を取らず、「教えてやろう」という雰囲気の伝え方をしてしまったのです。

実は、私たちは、こういうことを無意識のうちにやっています。

恋人が予約したレストランが意外と遠かった時、「ちゃんと調べておいてよ」と責め、友人がLINEなどの連絡を見落としていた時、「連絡をチェックしないほうに罪がある！」などと詰め寄ってしまいます。

もちろん正論で、仕事のような場面では正しいと言えます。

しかし、友人や恋人に対して正論を振りかざし、「あなたに落ち度がある」というニュアンスを出してしまうと、逆に人間関係がぎくしゃくしてしまいます。

「本丸」への話の持っていき方

たとえば、浮気をしている友人に「結婚しているんだから浮気はダメだ」と正論を真正面からぶつけても不機嫌になるだけで、なんら問題の解決にはなりません。

そこでまずは、相手を許す言葉から始めることです。

「浮気かぁ……相手のこと、だいぶ好きなの？」

「相手は、かわいいの？」

といったように受け止める。

そして**「奥さんにも不満があるのかな」**と続けてみる。

すると、相手も詳しく話をしてくれるでしょう。

十分に話をさせてあげて、それから**「奥さんとは別れる気はないんでしょ」**とか**「子供にバレたら困るね」**と本丸に話を持っていきます。

罪は罪ですが、人は完璧ではありません。たいていは悪いことだと自覚しているはずです。だから告白した罪を許してもらえたら、本人は少しホッとするでしょう。

その中から、本当の解決策を一緒に探せばよいのです。

人は正論では動かず、自分をわかってくれる人の言葉に動くものなのです。

✓ 人は「自分をわかってくれる人の言葉」で動く

62 「ロジカルすぎる」と話は盛り上がらない

電車の中で、私の前に立つ二人のビジネスパーソンが、こんな会話を始めました。

「ダイエットを始めてね、もう三キロやせたよ」

「ふーん、どれくらいで？」

「半年ぐらい」

「運動で？　それとも食事でやせたの？」

「まあ両方かな」

「食事は一日何カロリーぐらいにしたの？」

「詳しく計算してないけど、一日一八〇〇キロカロリーぐらいじゃないかな」

こういったやり取りは、男性にありがちな会話です。

相手の話題を5W1Hの質問を使って分析していくことから、私はこれを「分析会話」と名づけています。

一見、理路整然とした話をしているように見えますが、残念なのは、そこから会話が盛り上がらず、楽しそうでないことです。数字を使って話を分析して、自分がある程度納得したら、それでもうおしまい。

旅行に行ってきたと言う人に、「どこに」「誰と」「何泊で」といった質問しかできない人も、このケースに当てはまります。

会話というのは、お互いの気持ちや人柄が表現できて初めて楽しくなるもの。データを細かく分析するクセを持っている人は、相手とのコミュニケーションが深まらず、よりよい関係を築けないケースも多いのです。

感情とドラマを引き出す「あいの手」を入れよう

では、一緒にいて楽しく話せる人は、どんな会話をするのでしょうか。

「ダイエットを始めてね、もう三キロやせたよ」と言われた時、彼らは相手の気持ちや人柄に焦点を当てて話をします。

「三キロ！　すごいじゃないの。誘惑には負けないほうなの？」

こう聞かれたら、話し手の脳裏には「ご馳走」「お酒」「宴会」「悪い友人」「悪い妻」といったキーワードが浮かび、それに関連したドラマが、次から次へと甦《よみがえ》ってくるのです。

「昨日は夕食にすき焼きが出てね。オレがダイエットしているのを家内は知っているくせに」といった話が出てきます。

これがドラマです。

登場人物がいて、そこに会話があり、感情があふれている。こうした要素を引き出せれば、話は大いに盛り上がります。

✓「気持ち」や「人柄」を表現し合える会話を

63 時事ネタから抜け出せないと話が退屈に

居酒屋やファミレスでの雑談で「消費税が上がったね」と話を向けた時に、「日本の財政も厳しいからね」「借金が一〇〇〇兆円を超えたらしいよ」とずっと時事ネタしか話さない人と会話するのは、退屈で疲れるものです。

相手が政治経済の話が大好物なら話は違いますが、一般の人が相手なら、あくびが出るほどのつまらなさでしょう。

また、話題がスポーツの話になって「松山英樹は、世界に通用するゴルファーになったね」と話を振ったとしても、「彼のフェアウェイキープ率はすごい」「日本人のゴルフプレイヤーが世界で通用しないのは、日本のゴルフ場が一般ゴルファー向けに作られた簡単なコースしかないからだ」と、ここでも新聞に書いてあるような話しかで

218

きない人も同じです。

会話とは知っていることを話すもの、と思い込んでいる人が多いようです。

とくに男性はこの傾向が強く、男同士で話をすると新聞やテレビ、ネットで聞いた話を延々と続けている人たちをよく見かけます。

これでは、お互いに親しみを感じて、仲良くなることは難しいでしょう。

どんな話題も「私の話」「あなたの話」に転換する

一緒にいて楽しい人というのは、**どんな話になってもすぐに「私の話」「あなたの話」に切り替えてくれます。**

「消費税がまた上がったね」と言われたら、**「そうだよ。なのに、お小遣いは上がらないっておかしくない？　あなたは上げてもらった？」**と、いち早くお互いの話へと落とし込みます。

そして「お小遣いの金額上げてって、これほど言いにくい言葉はないね」とか「奥さんの機嫌がいい時にって思うけど、うちの場合は機嫌がいい時がないのよ」と、どんどん「私の話」をしてくれるから、会話も盛り上がります。

こちらも**「うちも同じですよ。子供のお小遣いは上がるのに、私のはまったく上がりません。うっかりしていると、下げられる可能性だってあるんですから」**と打ち明けたくなります。

きっかけは消費税だったのに、あっという間に話はお互いの家庭や夫婦の話になって、初対面でも初めて会った気がしないくらい仲良くなれます。

こういう会話のできる人は、時事ネタが自分の暮らしにどう影響するのかをよく観察しているのです。

そういう目でニュースやテレビを見ると、話が上手になりますよ。

✓「お互いの話」に落とし込めれば、場は盛り上がる

64

「悪い！」と裁くと反発を受ける

「うちの子供は、休みの日でもお手伝いもせずに、ゲームばっかりしているのよ」

「それは親のあなたが悪いんじゃない？　お手伝いの習慣をつけるのは親の仕事よ」

と、突然のお裁《さば》き。

「それはあなたが悪い」と一刀両断にされた経験は、誰にでもあるのではないでしょうか？

その時は、あまりいい気分ではなかったはずです。

一般の裁判ではお互いの意見をよく聞き、弁護士を付けて、長い時間をかけて経験豊富な裁判官が裁きますが、〝巷の裁判官〟は、ちょっとした情報だけを頼りに人を裁きます。その自信はどこからやってくるのやら……。

これも優越感と支配欲のなせる業《わざ》です。

相手を「悪」と決めつけ、自分は優位なところから見下ろしている感覚がたまらないのでしょうか。

しかし、相手が気の弱い人なら思い通りに事が運んでも、そうではない場合は厄介なことになります。

「悪い」と決めつけられた人から、当然反発が返ってくるでしょう。人によっては、一発でお付き合いの断絶もありえます。

たとえそれが正論でも、「悪い」という裁きをする権利など、誰にもないことを知っておくと、人付き合いで失敗せずに済みます。

「～だよね」「～ですよね」で新たな気づきを与えよう

では、楽しい人間関係を育んでいる人は、こんな時どうしているのでしょうか。

実は、彼らも心の奥では「親の接し方に問題があるのだろう」とは考えているのですが、**ストレートに表現せず、相手からその言葉を導き出そうとします。**

「うちの子供は、休みの日でもお手伝いもせずに、ゲームばっかりしているのよ」と言われたら、まず共感を示します。

「子育ては本当に大変ね」

相手の気持ちをまず受け止めることが、すべての始まり。

そして**「どんなふうにお手伝いの話をしているの？」**とか**「子供が自然と手伝うようになる言い方ってあるのかしら？」**などと質問をして、相手の話を促します。

そうするうちに「何も言わなくても、子供が自主的に手伝ってくれるのを待っていただけかも。私にも原因があるわね」と気づきが生まれることを、彼らは知っているのです。

本人も他人から言われるより、自分で気づいたほうが骨身に沁《し》みるでしょう。

「悪い」という言葉で人を裁けば、そこに恨みの感情が生まれます。

私たちが当たり前のように口走っている言葉ですが、気をつけたいものです。

善悪の判断は避けるのがベター

65 「真実を述べる」だけが親切ではない

私の部下が本を出版し、表紙の顔写真があまりに美しく撮れていたので、彼女が「三万円もかけると、美人に撮ってもらえるんですね」と冗談めかして話していました。

すると、そばにいた男性が「三万円もかけると違いますね」と返していました。

私も部下も、思わぬ返事に腰を抜かしかけましたが、ほぼ初対面の人だったので、二人とも気づかぬフリを通しました。

世の中には、この人のようにお世辞が苦手な人がいるもので、見たまま感じたままを言葉にしてしまうようです。

しかし、人間社会で生きるためには、お世辞は必要不可欠。

224

お世辞ひとつで、相手との関係が急に近づくことも、まれではありません。

先ほどのケースなら十人中九人は「実物のほうがキレイじゃないですか」とか、「ありのままに写っている感じですよ」と言うはずです。

言われたほうも、お世辞とは知りつつ、悪い気はしません。

相手が笑顔で「そんな、そんな」と手を振ってくれたら、お互いの関係は「他人」から一段昇格したと受け取ってもいいでしょう。

相手の謙遜にこそ「お世辞」で返す

日本人は、謙遜してものを言う人が少なくありません。

「私はまだまだ」「努力が足りません」「私よりもっと素晴らしい人がいます」というような表現をよく耳にするでしょう。

そんな謙遜の言葉が出たら、お世辞の準備が必要です。

「さすがに自分にお厳しい。そこがまた魅力ですね」

「あなたに努力が足りないのなら、世の中みんな努力不足になってしまいます」

「あなたより素晴らしい人など、世界中探してもほんの二、三人ですよ」

多少ユーモアを交えたほうが、相手も受け入れやすいものです。

そして、相手の素晴らしいところをうまく見つけて、

「ふつうの人はそんなことできないものですよ」

「あんなことが咄嗟《とっさ》に言えるなんて、ふだんからよく考えていらっしゃるからです」

と続けてみましょう。

いっぱいほめると、どこを謙遜していいかわからなくなるので、謙遜したほうも「そうですか」と受け入れざるをえません。

口では「お世辞は嫌い」と言いながら、本心では「もっと言って」と思っているのが人間なのですから。

「わかりきったお世辞」も人間関係の潤滑油

66 ほめられたら「素直に受け取る」が正解

「いつも頑張ってますね」

「いいえ、全然です。怒られてばっかりです」

「そうかなあ、新人の中ではピカイチだよ」

「まさか！　そんなことを言わないでください」

「頑張っているよ」

「頑張ってませんからっ！」


ほめられるのが苦手な人を、ついほめてしまった時の気まずさ、居心地の悪さと言ったらほかにありません。日本人にはほめ上手が少ないのですが、ほめられるのが苦手な人も多いのです。

おそらく自分の実力に自信がなく、その実態が露呈《ろてい》した時に失望されるのが怖いのでしょう。そんなに大げさに考えず、素直に「ありがとうございます」と言えば、それですむ話なのですが……。

こんなタイプに出会ってしまったら、ほめ言葉の押しつけは無駄になって腹が立つだけです。

先の例であれば、**「あら、怒られてばかりなの？」**とまずは共感する。

そして**「でも、そっと応援している人多いよ」**と小声で伝えます。

こういう人は、みんなの前でほめられるのを嫌うからです。応援されることを拒否する人はそうはいないので、受け入れてくれるでしょう。

「なかなかやるな」と評価される切り返し方

ほめられるのが苦手であるもう一つの理由は、「相手は心にもないことを言っている。下手に喜んだら笑われる」という疑いです。

でも、心にもないウソを言う人などほとんどいませんから、ほめ言葉を拒否された人は悲しい気持ちになります。

ですから、**相手をイヤな気持ちにさせない処世術**を身につけておくのは、このタイプの必須事項と言えます。

こんな決まり文句ではいかがですか？

「励みになります。ありがとうございます」

これなら軽いタッチで切り返せるはず。

「実は全然ダメなんですが、お言葉にふさわしい人間になれるように頑張ります」

これなら相手がたとえウソを言っていたとしても「なかなかやるな」と、あなたをますます評価するでしょう。

また、ほめた相手が一番喜ぶ、「ほめ返し」も覚えておいて損はありません。

「〇〇さんにほめて頂けると、一番嬉しいです」

このほめ返し言葉があれば、もういつほめられても大丈夫でしょう。

✓「相手をイヤな気持ちにさせない処世術」をマスターする

67

過去にさかのぼる「叱り方」はNG

説教、苦情、文句は、あまり言いたくないものです。

しかし、これがいったん言葉になると、話が止まらなくなる人が多くいます。

たとえば、遅刻が多い部下に「遅刻が多いな」と指摘するのは当然のこと。そして「どうしてだ？」と聞くのも当たり前で、叱られているほうも、おそらくは受け入れているでしょう。

説教が長くなる人の問題点は、ここからです。

「おまえは前にも同じようなことを……」と過去に話がさかのぼると、話は長くなり始めます。

そして「だいたいおまえは、働くということをどう考えているんだ。いいか、会社

230

というのはな」と教訓へと発展していきます。このコースに乗ると、話はもう止まらない。「オレが新人の頃は……」と自慢話へと進み、気がつくと三十分経過。

そして、責めている自分が悪人になるのを防ぐために「これはおまえのためにに言っているんだ」と言い訳コースへとズレて、もう一時間。相手はもうヘトヘトで、叱る効果もありません。

実は「指摘」と「改善」以外の言葉は、すべて無駄なことが多いのです。

「事実」「原因」「対策」で一分間

説教が長くなる人は、支配欲に強く動かされています。

説教する、相手が謝る、自分が上に立つといった上下関係に大きなエクスタシーを感じて、時間が延びるのです。

しかし、叱られている側にも、この気持ちははっきり伝わりますから、態度や行動の改善をする意欲は削がれ、反発心がメラメラと燃え上がってきます。

叱るのがうまい人は、叱る時間が短いのが特徴です。

「このひと月で遅刻が三回だね」と事実ベースで話をします。**「遅刻になってしまう原因は？」**と尋ね、**「どうしたら明日から遅刻しなくなる？」**と対策を聞きます。

「目覚まし時計を二個にして、枕から遠く離れたところに一つ置きます」と改善策を示されたら、「今夜、その目覚ましを写真で送ってくれる？」と行動の把握を行ない、「私で手伝えることはある？」とサポートの気持ちを伝えます。

これなら、叱られた人も自尊心が傷つかず、サポートまで考えてもらえることで、上司や先輩に対して尊敬の念を持つでしょう。

もしそれでも遅刻が発生したら「さあ、今度はどんな対策を取る？」と、また一緒に考えます。

これなら部下も考える力がつき、成長がもっと早くなるはずです。

こんな上司が増えると、会社は発展するでしょう。

☑説教は短くスマートに

68 プライドが高いのは「自信のなさ」の裏返し

ある若いビジネスパーソンが、上司にひどく叱られていました。

メールの返信がなかったとのことですが、彼は確かに自宅から返信を送っていて、パソコンに送信履歴まで残っています。

念のためにと上司のパソコンのメールボックスを見ると、なんと部下のメールがあったのです。迷惑メールフォルダーの中に……。

すると上司は逆ギレし、彼のメールアドレスに難癖をつけ始めます。

あとで女性の先輩がそっと「あの人、プライドが高いから」と慰《なぐさ》めていました。

プライドという言葉は一見、プラスの語感ですが、ストレートに言うと「傷つきやすい」ということでしょう。

この上司も自分の間違いを認め、素直に謝るべきでしたが、プライドが邪魔をしてできませんでした。

つまり「自分の間違いを認めると、自分がバカであると認めることになるからイヤ」という心理から逆ギレしたのです。付き合いきれません。

こんな人には、いつも気を使って話をしなければなりません。

上司より出世している同期の話も、家を買った同僚の話も、取締役にかわいがられている上司の後輩の話もタブーです。本当に疲れます。

「本当の誇り」を外から傷つけることはできない

他人はあなたを傷つけることはできません。

あなたを傷つけられるのは、あなた自身のみ。あなたが「私は本当にダメだ」と認めた時に、初めて傷つきます。

プライドが高い人は、激しい自己否定を内部で行なっているのでしょう。

自分の間違いを認めれば、自分の心の声が「おまえはダメだ」と責めるので受け入れがたいのです。

彼らは「他人の承認」「お金」「地位」など外部にある価値に縛られて、それらが足りていない自分を責め、そして苦しんでいる人でもあります。

本当の誇りとは、自分の内面にあります。

愛すること、支えること、労《いた》わること、思いやること、それをできることが自分の誇りだと信じている人は、価値が自分の内部にあるので心が安定しています。

部下からのメールを迷惑メールフォルダーに見つけた時は、「あったよ、ごめんね。うっかりしてた」と言えます。率直という言葉が彼の価値だからです。

そして**謝ることで傷つくどころか、率直さを体現できた自分を誇らしく思う**のです。

プライドが高くてすぐに傷ついてしまう人は、自分を支えている価値を「愛されること」から「愛すること」へと転換すると、平穏な気持ちを取り戻せるでしょう。

ミスしない人より「すぐに謝れる人」

本書は、ＫＡＤＯＫＡＷＡより刊行された『一緒にいて疲れる人の話し方 楽な人の話し方』を、文庫収録にあたり加筆・改筆・再編集のうえ、改題したものです。

話《はな》していると楽《たの》しい人《ひと》 しんどい人《ひと》

著者　野口　敏（のぐち・さとし）
発行者　押鐘太陽
発行所　株式会社三笠書房
〒102-0072 東京都千代田区飯田橋3-3-1
電話　03-5226-5734（営業部）03-5226-5731（編集部）
https://www.mikasashobo.co.jp
印刷　誠宏印刷
製本　ナショナル製本

 ISBN978-4-8379-3063-1 C0130

王様文庫

面白すぎて時間を忘れる雑草のふしぎ

稲垣栄洋

みちくさ研究家の大学教授が教える雑草たちのしたたか&ユーモラスな暮らしぶり。どんな雑草もボ～ッと生えてるわけじゃない！ ◎「刈られるほど元気」になる奇妙な進化 ◎「上に伸びる」だけが能じゃない ◎甘い蜜、きれいな花には「裏」がある…足元に広がる「知的なたくらみ」

面白すぎて時間を忘れる人間心理のふしぎ現象

内藤誼人

この「心のバイアス」に気づいてる？ 【バーナム効果】占いがなぜか「ズバリ当たる」ワケ 【ピグマリオン効果】「期待される人」ほど成果が出る 【確証バイアス】「思い込み」はひたすら強化される……行動・判断の裏に隠された心理とは？ つい、誰かに話したくなる「心のしくみ」を大紹介！

ねじ子の人が病気で死ぬワケを考えてみた

森皆ねじ子

医師で人気漫画家の著者が「人が病気で死ぬワケ」をコミカル&超わかりやすく解説！ ◎ウィルスとの戦いは「体力勝負」？ ◎がんとは「理にかなった自殺装置」？ ◎「血液ドロドロ&血管ボロボロ」の行きつく先は―― 体と病気の「？」が「！」に変わる！

K30639

話し方で好かれる人 嫌われる人

野口 敏

「同じこと」を話しているのに好かれる人、嫌われる人――その差は、どこにあるのか。「また会いたい」と思われる人、なぜか引き立てられる人になるコツを、すぐに使えるフレーズ満載で紹介。だから、あの人ともっと話したくなる、「いいこと」がドシドシ運ばれてくる！

気くばりがうまい人のものの言い方

山﨑武也

「ちょっとした言葉の違い」を人は敏感に感じとる。だから…… ◎自分のことは「過小評価」、相手のことは「過大評価」 ◎「ためになる話」に「ほっとする話」をブレンドする ◎「なるほど」と「さすが」の大きな役割 ◎「ノーコメント」でさえ心の中がわかる

使えば使うほど好かれる言葉

川上徹也

たとえば、「いつもありがとう」と言われたら誰もがうれしい！ ◎会ったあとのお礼メールで⇩次の機会も「心待ちにしています」 ◎お断りするにも⇩「あいにく」先約がありまして……人気コピーライターがおしえる「気持ちのいい人間関係」をつくる１００語。

K30641